政府法律服务项目指引

主编　池英花

Government legal services Project guidelines

法律出版社
LAW PRESS · CHINA
北京

图书在版编目(CIP)数据

政府法律服务项目指引 / 池英花主编. -- 北京 : 法律出版社, 2024

ISBN 978-7-5197-9132-2

Ⅰ. ①政… Ⅱ. ①池… Ⅲ. ①法律-工作-研究-中国 Ⅳ. ①D92

中国国家版本馆 CIP 数据核字(2024)第 095361 号

政府法律服务项目指引
ZHENGFU FALÜ FUWU XIANGMU ZHIYIN

池英花 主编

责任编辑 慕雪丹 章 雯
装帧设计 鲍龙卉

出版发行 法律出版社
编辑统筹 法商出版分社
责任校对 赵明霞
责任印制 胡晓雅
经　　销 新华书店

开本 710 毫米×1000 毫米 1/16
印张 18.75 **字数** 260 千
版本 2024 年 10 月第 1 版
印次 2024 年 10 月第 1 次印刷
印刷 北京中科印刷有限公司

地址:北京市丰台区莲花池西里 7 号(100073)
网址:www.lawpress.com.cn
投稿邮箱:info@lawpress.com.cn
举报盗版邮箱:jbwq@lawpress.com.cn

销售电话:010-83938349
客服电话:010-83938350
咨询电话:010-63939796

书号:ISBN 978-7-5197-9132-2 **定价**:75.00 元

凡购买本社图书,如有印装错误,我社负责退换。电话:010-83938349

池英花

北京市易和律师事务所合伙人会议主席，创始合伙人。中共党员，具有9年法官经历，自1988年至今从事律师实务，担任北京市商业联合会副会长、专家咨询会委员，中国人民大学律师学院客座教授,国家律师学院兼职教授。曾任北京市律师协会第九届理事、权益保障委员会副主任、女律师联谊会副会长，朝阳区律师协会第一届理事、女律师工作委员会主任。

曾担任著名的大兴安岭火灾案的辩护律师，被告人最终得以被宣判无罪。全程参与摩托罗拉中国，三星中国中外合资企业设立谈判起草合同并成功设立，担任法律顾问等大量企业谈判设立项目。代理大量金融纠纷等商事案件，胜诉率达百分之九十以上，法官及律师执业四十余年积累了丰富的解决突破疑难问题的经验，以精湛的专业能力及高度的责任心，深得大量长期相互信任的客户满意。

成功率领易和合伙人打造出专业化分工、公司制管理的优秀团队，开发出崭新的诉讼、非诉讼的专业法律服务产品及有效的团队服务模式；在北京市建设国际化城市的进程中，研发了土地一级开发中拆迁项目的整套服务产品，为政府依法拆迁提供法律服务，及时化解民众矛盾，实现了社会效益、政治效益和经济效益的三结合，用实际行动实践着易和所“用我们的服务推动中国法治化进程”的理念。注重青年律师的培养和发展，培养造就了大批优秀的青年律师，深得业内外的尊重。倡导并创建了适合于团队律所管理的“易和文化”，致力于推广律师的先进文化发展理念，走出了一条以党建带动文化建设，以文化建设推动业务发展的律所发展之路。司法部领导曾亲临易和律师所视察，表示易和所在党支部建设、律所管理等方面的经验值得在全国律师行业内进行推广。十余年来带领易和团队承担了大量的政府法律服务工作，总结积累了工作成果及经验。

池英花多次被评为北京市优秀律师、北京市律师行业优秀律师党员，她所带领的易和团队历年来获得了“北京市法律服务先进集体”、“北京市优秀律师事务所”、“五好党支部”、“先进党支部”、“先进集体”、“杰出贡献奖”“北京好人”等荣誉。

序　政府法律服务方式的新探索

甘藏春*

党的十八大特别是党的十八届四中全会以来，我国开启了全面依法治国的新征程。在实现建设社会主义法治国家和中国特色社会主义法治体系的总体目标的进程中，律师是一支重要的、不可或缺的力量。全面依法治国的展开，为律师的法律服务工作提供了新的广阔空间，同时也对律师法律服务工作的水平和质量提出了更新、更高的要求。

北京市易和律师事务所近年来在政府法律顾问工作中开始了法律服务产品的探索。

法律服务产品即为突破法律服务的抽象化、定制化特性，提高法律服务的规模化水平，总结某一特定法律服务（如案件代理、合同审查）的规律，梳理出提供该法律服务的依据、类型、流程、标准及配套文书等必要要素，使得该法律服务具备可视化、标准化、可复制性的指引集合或规范。法律服务基于服务对象、服务内容的特殊性，一般具有个性化、定制化特性，规模化实现难度较大。法律服务产品作为规律性总结成果，通过标准化、流程化、模板化的设计，在一定程度上能够有效对标同类需求客户，用更短的时间、人力成本，提供有保障的法律服务。“物美价廉”是客户的通常需求，客户都希望用最低的价格购买到最好的服务。法律服务产品大抵可以发挥以下四个方面的作用：一是便于法律服务的量化、可视化呈现，降低客户认知

---

* 中国法学会副会长。

难度。隔行如隔山，对于非法律专业的客户来说，有时很难理解法律服务的内核。通过法律服务产品，有助于客户了解所提供法律服务的内容、形式，更能体会法律服务的价值所在。二是便于法律服务的可复制化、规模化转换，提高法律服务效率。通过法律服务产品，确定了基本的操作流程、文书框架，对于不熟悉该业务的律师可迅速学习上手，对于接触过同类业务的律师也可减少重复劳动，大大提高了法律服务效率。三是便于法律服务的质量把控，保障法律服务水平。不同律所不同律师水平参差不齐，法律服务产品已明确大方向，故按照法律服务产品的指引进行操作，一般不会出现方向性、原则性错误，可在一定程度上保障法律服务业务的质量。四是有利于法律服务市场资源优化配置，促进法律服务市场合作交流。资源型律师一般手握大量客户、项目、案件资源，但其可能难以精通各类业务，或者缺乏足够的时间、人员去承接大量业务；业务型律师一般专注于承办各项具体业务，但资源有限。法律服务产品可作资源端和业务端的桥梁，业务端通过总结丰富业务经验设计研发法律服务产品，将其推荐给资源端，资源端可凭借其资源优势，向客户推广应用法律服务产品，从而真正发挥法律服务产品的价值。

法治政府建设示范项目评审中对于申报项目的考量标准为针对性、创新性、示范性、持续性、实效性。我想好的法律服务产品应该也具有上述特征。针对性，即法律服务产品能否有效对标某类客户群体的特定需求，拥有较为明确的应用对象。创新性或前瞻性，即法律服务产品能够紧跟法治中国建设步伐，洞察法律服务市场，以创新成果、创新方式有效落实法治任务。示范性或可复制性，即法律服务产品能够面向较多同类需求客户，在同类需求客户中可高效参考借鉴。持续性，即所研发的法律服务产品具有较为持久的市场需求，且产品内容相对稳定，一经研发能够严格落实执行。实效性，即法律服务产品是能解决问题的，有研发意义的。如本书中的行权手册项目全面梳理政府机关的行政职能及其行权规则，并细化明确职权行使的考核评价与责任追究，能够协助政府机关依法全面履行政府职能，有效落实权责清单制度。

北京市易和律师事务所结合二十余年的法律服务及项目、产品研发经验，将政府及相关法律服务项目和事项进行总结梳理，编写了《政府法律服务指引》一书，为我们展现了一幅律师提供政府法律服务的蓝图，勾画了“政府法治思维与治理能力建设”“依法行政管理制度体系建立”“立法规范化”“权力运行规范和协调机制建设”“土地开发利用规范化”“专业领域依法治理体系建设”“行政争议解决规范化”的政府法律服务体系，清晰地指引律师可以提供哪些法律服务，以及如何提供法律服务。一个个具体的法律服务项目和产品，从服务背景、流程、方式、内容到风险提示，可以有效指引相关法律服务的开展。本书的出版，相信能够帮助更多的律师了解政府法律服务工作情况，通过政府法律服务项目的类型化、规范化，促进今后律师为政府提供更高质量的法律服务，带动政府法律服务可持续健康发展。

目　　录

专题一

政府法治思维与治理能力建设

提供主动式法律服务　推进政府依法行政

——以北京市易和律师事务所模式为例

池英花*

摘　要：律师为基层政府提供法律服务，有助于提高基层政府公共服务和社会治理水平，对社会的稳定和谐、有序发展有重要意义。新形势下，律师应当不断创新法律顾问服务方式，从被动服务到主动发现需求、研发产品、提供服务，积极拓展法律顾问服务的广度和深度。要想做好政府法律顾问工作，必须做到“五步走”：一是要建立专业化的团队；二是要关注时事、政治，与党和政府的治国方针保持高度一致；三是要认真研读政府工作报告等文件，发掘政府服务需求；四是要当好政府高参，而不是仅做助手；五是要经常与政府有关领导沟通、交流，关注他们新的工作目标、困惑，针对问题依法找出解决对策。推动政府依法行政及社会治理现代化的法律服务需要更多律师的认同和积极参与。

相较于世界上许多发达国家很早就建立了完善的政府法律顾问制度并在

---

* 文字整理人：池英花，北京市易和律师事务所合伙人会议主席，创始合伙人。中共党员，具有9年法官经历，自1988年至今从事律师实务，担任北京市商业联合会副会长、专家咨询会委员，中国人民大学律师学院客座教授，国家律师学院兼职教授。

政府重大决策和具体事务中发挥重大作用，我国的政府法律顾问制度起步较晚，自20世纪80年代起至今，经历了从试点到逐步成熟的过程。1989年，司法部发布了《关于律师担任政府法律顾问的若干规定》。1993年，司法部《关于深化律师工作改革的方案》明确提出在国家机关等有关部门和单位中进行政府律师试点工作。1999年6月，吉林省组建了全国首家省级政府法律顾问团。

近年来，随着我国法治化进程加速，政府自身建设以及依法行政面临越来越大的挑战，各级政府聘请法律顾问的需求不断增大。从中央政策导向上看，党的十八届三中全会明确提出普遍建立法律顾问制度；党的十八届四中全会通过《中共中央关于全面推进依法治国若干重大问题的决定》，进一步明确积极推行政府法律顾问制度，建立以政府法制机构人员为主体、吸收专家和律师参加的法律顾问队伍，保证法律顾问在制定重大行政决策、推进依法行政中发挥积极作用。由此可见，我国政府法律顾问制度已从需求服务发展到必须顾问阶段。

如此新形势，对律师这一法律职业以及律师事务所的平台设计、管理和服务模式均提出了新的课题。律师及律师事务所在政府法律服务领域如何定位、提供什么服务、怎样提供服务等问题，值得同行们进一步研究和思考。

做好政府法律顾问工作，本人认为必须做到“五步走”：一是要建立专业化的团队；二是要关注时事、政治，与党和政府的治国方针保持高度一致；三是要认真研读政府工作报告等文件，发掘政府服务需求；四是要当好政府高参，而不是仅做助手；五是要经常与政府有关领导沟通、交流，关注他们新的工作目标、困惑，针对问题依法找出解决对策。

本文谨以北京市易和律师事务所（以下简称易和）十余年政府法律顾问工作总结的律师事务所内部建设、服务模式、服务范围等经验与大家分享，以期裨益今后的行业实践。

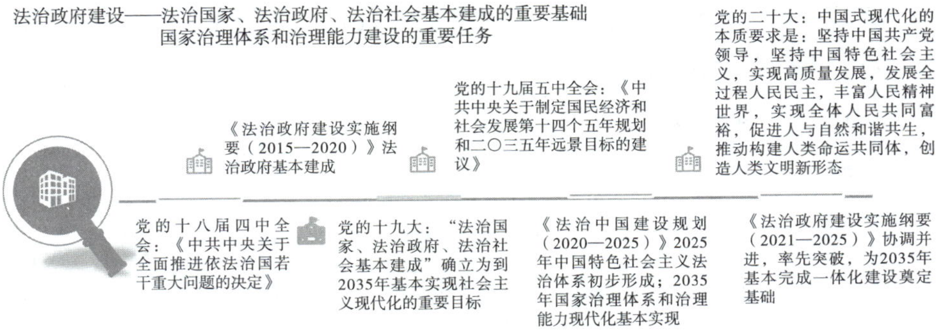

政府法律服务关注法治纲领文件

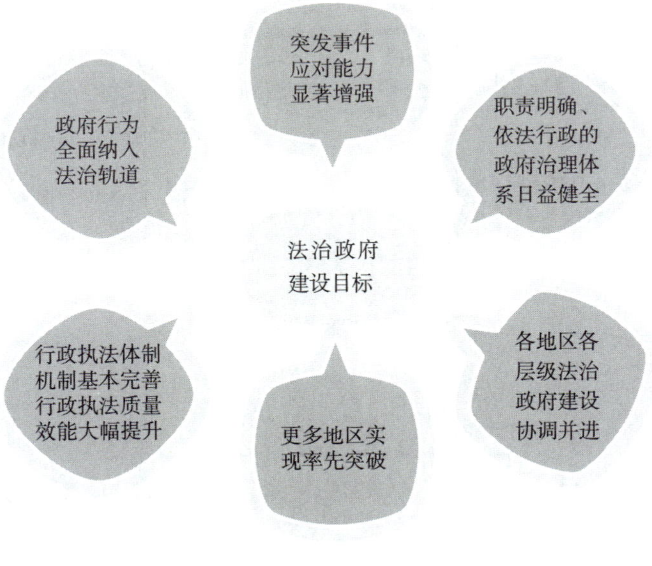

政府法律服务关注法治政府建设目标（2021—2025 年）

一、科学锻造团队，努力提供主动式法律服务

新形势下，律师应当不断加强团队建设，创新法律顾问服务方式，从被动服务到主动发现需求、研发产品、提供服务。通过主动的法律服务，推动政府规范管理、依法行政。

自成立以来，易和始终以“专业化、规范化、品牌化、国际化”为发展目标，采用公司化管理、团队合作、专业分工的服务模式，以深层次、个性化的优质法律服务赢得了包括基层政府及其部门在内众多客户的信赖及业界的一致认可。

健全的运行机制

1 前瞻性的项目研发机制

坚持为客户提供前瞻性、个性化的服务设计，持续打造专业化、规范化的政府法律服务，在长期为各级政府机关、事业单位提供法律服务的基础上，结合法律规定及政府工作报告的要求，研发出满足客户需求的职能型、前瞻性、个性化的法律服务项目。法律服务项目从防控角度出发，旨在提升客户行政效能，从源头上化解行政法律风险。与此同时，为提升政府依法行政水平，易和所为政府机关量身制订规范管理、依法行政系列法律培训方案及专题，力争以我们的服务推动法治政府建设

2 主动式的客户服务机制

建立顺畅的沟通机制，使客户的服务需求得到及时反馈，法律服务团队与客户建立固定窗口、跟踪服务，即律师顾问团将根据客户的业务范围，结合主办律师的专业特点，确定主办律师作为本所的业务联系人 ，同时，建立主联系人定期沟通制度，设计科学、有效的法律服务项目和服务模式

3 高效率的团队运行机制

采用团队工作制，以顾问律师团的模式为客户提供常年或专项法律顾问服务。律师顾问团将由合伙人、主办律师及律师助理组成。

设和议案件研究会，律师们非诉业务和案件代理中的重大疑难事项，均可提议召开疑难案例研讨会进行专题研究。疑难案例研讨会由主管业务分配的合伙人组织召开，本所资深业务顾问、业务主管合伙人、承办律师及其他相关人员参加

易和服务机制

关于易和

◆ 以我们的服务推动中国法治化进程

◆ 以我们的诚信树立中国律师形象

◆ 以我们的平台培养中国法律精英

易和文化

愿景

服务法治 诚信为本 精进专业 传承发展

核心 使命 诚信 专业 传承

所训 忠诚 奉献 协作 和美

服务宗旨

主动 深入 创新 提升

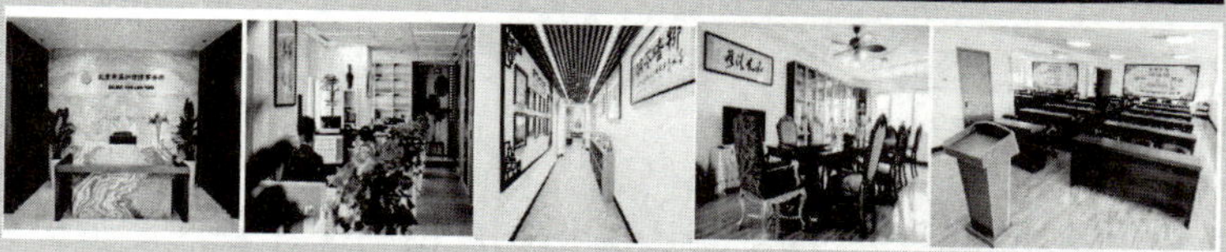

易和文化与愿景

（一）规范顾问工作，变被动顾问为主动服务的律师团队服务模式

具有易和特色的“法律顾问服务模式”是对客户的最大吸引。易和在总结律师服务经验、探索客户需求的基础上，出台了《易和法律顾问服务规范》，明确了律师提供顾问服务的标准控制流程。它的特点是：第一，组团服务，专业优势互补，为客户提供全方位法律服务。第二，合理引导顾问单位法律服务需求。在顾问关系建立之初要求客户填写《政府法律服务需求调查问卷》，并据此制订工作计划，使顾问工作更有针对性和主动性。第三，加强对顾问单位各层次人员的专业法律实务培训，增强其法律风险意识、防范意识。第四，建立与客户的定期沟通、服务跟踪、工作量统计分析、年度工作总结制度，并将客户意见的反馈与律师的晋升考核相结合，进一步确保服务质量的提高。

（二）细化专业分工，激励律师在专业领域的深层次研究

我们引入先进的现代化企业管理制度，并且按照客户的实际需求和目前我国的法律体系现状，将事务所组织机构分为诉讼仲裁法律事务部、综合顾问法律事务部、劳动法律事务部、政府法律事务部、房地产物业法律事务部、建筑工程法律事务部、公司证券法律事务部等业务部门，同时还设有为以上业务部门提供支持的研究发展部以及行政管理部。在易和党支部的统一领导下，通过合理的机构设置和现代化企业管理方式，为律师在专业领域深层研究提供保障，同时保证为客户提供专业化的高水平法律服务。

与易和建立顾问关系的客户，在顾问年度里将享受全所专业部门各专业律师全方位的团队服务。这一平台设计不仅保证了易和的稳步发展，而且得到了所有客户的由衷肯定。

（三）加强内部培训，塑造专业型法律服务人才

我们十分重视对青年律师的培育，始终坚持以内训专业知识、外训团队凝聚力的方式大力培养青年律师。虽然大家的工作都非常紧张繁忙，但各业务部门仍保证每周半天的业务学习和例会时间，学习的方式灵活多样。除各部门的业务学习外，全所还定期组织专题培训和学习，针对在顾问工作中发现的新问题、新形势下思考出品的新课件进行讲授、交流。每年年底，我们都要开展专业领域的产品研发、论文创作、法庭辩论大赛，充分调动青年律师的积极性和创造性，扎实其专业知识和技能。易和持之以恒的业务培训使青年律师大受裨益。

另外，每年年中，我们都邀请专业培训机构为团队建设“量身定做”培训方案，以增强团队的凝聚力。每次拓展训练，都使易和成员受到了深深的震撼，更加认识到团队的重要性。通过拓展训练，每位律师都能发现自己的问题和缺点，为自己的成长进步寻找到切实可行的改进措施。

（四）塑造行业品牌，以文化建设促律师事务所可持续发展

我们始终倡导“品牌化”发展目标。所谓品牌，主要是对律师事务所和律师个人来讲的，无非就是品质、品位、品德、诚信。品质，就是说这个品牌怎么组成，应该有本身内部的质量、服务质量、队伍素质、文化个体等几个方面。文化品位就是一家律师事务所的符号。最重要的是律师事务所的诚信建设。这些都是一个品牌不可分割的组成部分。规模可能出品牌，规范也能出品牌，专业更能出品牌，最主要的是服务出品牌、管理出效益。

多年来，易和在文化建设方面积累了一些独到的经验。在业务上，我们倡导“与政府协作创建和谐社会；与客户协作推进法治化进程；与同事协作，优势互补，提高业务水平”，着力在社会公众面前树立法律文化和法律人。易和的文化核心是“以我们的服务推动中国法治建设，以我们的诚信树

立中国律师形象，以我们的平台培养中国法律精英”。创造“诚信、协作、奉献”的文化氛围，坚持律师执着于事业、守信于客户、真诚于同事、忠诚于易和。如此文化建设，保障了事务所的可持续发展和坚强的战斗力。

二、认真学习新政、新法、新规，深入挖掘政府法律服务需求

在易和文化引领下，律师们秉承“三大愿景”的理念，按照国家的大政方针，以研读政府工作报告为基础，认真学习新法律法规，在专业领域里寻找各级政府需要的法律服务，深入了解政府机关的职能及行政风险点，面向各级政府推出了一个个符合实际、可操作的法律服务产品，在政府依法行政、提高公共治理能力中体现了律师的重要作用和价值。

（一）要求律师树立正确的职业观，弘扬奉献精神

作为法律工作者，律师依法服务和促进依法治国是其重要职能。前者是律师的本职工作，后者主要体现在为国家的法治建设出谋划策。所以，易和要求律师要关心政治，关心国家的发展前景，研究在国家发展计划实施领域中如何提供更好的法律服务，要求大家要把律师职业作为一项事业来做。

（二）领会党和国家的主导精神，挖掘政府法律需求

本人认为，律师为政府提供法律服务，要把握住政治方向，要懂得政府工作的大目标和政府的运行规则。这样，才能为政府提供需要的法律服务。律师必须关注政治局势，关注时事、政治、经济等新闻信息，认真研究政府工作报告，发掘政府法律需求。这样，才能为各级政府依法行政提供高效实用的服务，有力推动法治政府建设。

1. 从政府工作报告中预测新的法律服务需求

2010 年，在研究政府工作报告中，我们发现政府将对土地两级联动审

批制进行改革。政府主导一级开发，开发商从二级市场摘牌后才能取得商业开发权。由此我们推断，这一改革开始后，基层政府由于没有土地开发经验和熟悉这方面法律、法规的人员，律师业务会有较大的空间。易和律师团队抓紧研发相应的法律服务产品，做好了应对准备。不久前，我们接到了北京市一个区政府的项目，与我们研发的法律服务产品刚好吻合。

2. 从经济社会发展中判断特色法律服务需求

中央提出城乡一体化战略目标后，不少城市功能将向农村转移。我们及时组织律师有针对性地研发了适用于乡镇政府的法律服务产品，如梳理并研发了包括农村集体经济组织章程、村委会章程、村委会职能分工、公章管理办法、合同档案管理办法等全套依法管理村集体的规范并进行推广使用，填补了农村治理中的法律规范空白。2016 年中央发布的关于农村工作的一号文件，特别提出要依法治村。我们的农村治理规范化法律服务产品正逢其时。

3. 从领导人讲话中发现必要的法律服务需求

党的十八届四中全会对政府依法行政提出了更高的要求。易和政府法律顾问团队按照李克强总理“法无授权不可为，法定职责必须为”以及政府行权不可任性的讲话精神，对基层政府职能进行了认真梳理，研发出基层政府机关各个职能部门依法行政的工作模板、行政职能手册，使基层政府每一个科室行政权力的行使都有法律依据。使用过这套法律服务产品的基层政府受益匪浅。

4. 从颁布的新法律法规中分析法律服务需求

自 2015 年 5 月 1 日起实施的《行政诉讼法》（修订）对基层政府依法行政工作提出新的要求和挑战。其中，将立案申批制改为登记制。其特点是：极大地降低了行政诉讼立案门槛、扩大了受案范围、增加了对政府部门“红头文件”的附带审查、强化了对行政机关上下级的连带监督、凡作出维持原行政决定的上级复议机关也要作为共同被告一起出庭等。目前，我们已针对性制作了《新行政诉讼法对政府的新要求》《行政处罚中应注意的法律问题》等培训课件，并在基层政府及其工作部门中展开培训，同时展开对所服务的各级政府及其部门规范性文件合法性、内部工作流程规范化、行政程序合法及科学的审查和完善工作，为避免政府触雷及诉累及时打上预防针。

（三）总结法律服务实战经验，推动新产品研发

易和律师团队服务于数十家市、区、镇级政府机关，通过参与政府投资重点项目、行政处罚案件的处理及依法解决各类争议等，不断深入了解行政机关的办事流程，并注重积累与不同级别、职能的政府机关协作的实践经验。

1. 应邀参与规范性文件制定

易和参与了北京市经济和信息化委员会相关立法项目的研讨工作以及区住房和城乡建设委员会、发展和改革委员会颁行规范性文件前的审查、修订工作。具体文件包括《关于印发昌平区老楼加装电梯实施方案的通知》、《关于进一步做好拆迁补偿安置工作的意见》（昌政发〔2010〕19号）、《昌平区城市更新行动计划》、《关于进一步做好集体土地上非住宅房屋拆迁补偿补助工作的意见》（昌政发〔2011〕15号）以及《昌平区国有土地上房屋征收与补偿实施意见（试行）》、《昌平区2021年进一步优化营商环境实施方案》、《关于加强建筑拆除工程施工及运输消纳管理促进建筑垃圾资源化利用的指导意见》等。

此外，易和协助北京市商务局制定了商业零售业《进货交易行为规范》等相关文件，帮助北京市原工商行政管理局草拟《商业零售业购销合同示范文本》。

2. 依法梳理行政职权，协助规范工作流程

应北京市经济和信息化委员会要求，易和为其规范政策法规制度、帮助解决行政职能分工问题并为其依法履行工作职责等制定规则及提供法律依据；协助草拟了《行政许可/行政执法/行政复议手册》《合同管理制度》等并草拟、参与修改了相关配套文件，如《北京市经济和信息化委员会法规规章及规范性文件实施评估管理办法（初稿）》《北京市经济和信息化委员会

重大事项依法决策制度》《北京市经济和信息化委员会行政应诉工作制度（初稿）》等。

2009年第四季度至2010年年初，易和帮助北京市昌平区住建委进行行政职能梳理工作，出具了《北京市昌平区住建委机构及其职能设置法律建议书》，为其各科室行政事务的处理提供准确的法律依据，进一步明确了不同岗位的具体工作职责。此外，就政府机关负责实施的集体土地控违、拆违工作，易和依法制作了工作流程及全部配套文件，为相关政府机关依法履职夯实基础。

3. 积极参与政府工程项目管理的法律风险防控工作

易和律师参与了北京市昌平区住建委负责的老旧小区抗震加固改造工程项目管理法律风险防控工作，并通过制订工程项目管理方案及责任制，帮助其通过建立招投标信息通报制度、项目实施总承包管理制度、定期例会制度、总承包单位承诺制度及不定期审查制度、甲方责任法律审查制度等，全面管理老旧小区抗震加固改造工程项目并防控法律风险。

4. 为政府融资提供法律服务

易和律师参与了北京市通州区及昌平区政府直属企业重大国有资产处置工作，包括北京兴昌达博房地产开发有限公司破产重组项目、通州宾馆收购工作等，并为区重点国有企业北京兴昌高科技发展有限公司改制工作提供了法律支持。此外，2012年至2013年，易和先后为北京市通州区（北京新城基业投资发展有限公司）及北京市昌平区（北京昌鑫建设投资有限公司）的政府融资平台企业公开发行债券融资提供专项法律服务，并且为通州区政府融资平台企业的信托股权及债权融资提供专项法律服务。

5. 多次为政府制作信息公开工作实施方案

为规范政府信息公开工作，易和为多个不同层级的政府制作了政府信息公开工作实施方案，包括组织机构的建立、公开范围的确定、受理及处理流程、工作具体内容等各方面内容，帮助政府在依法处理信息公开申请的同时合法维护自身权益。

6. 系统提供土地一级开发（征收/拆迁）工作策划与实施全程法律服务

近年来，易和律师团队先后参与了未来科技城北区项目、通州国际新城项目、怀柔区雁栖湖生态发展示范区（北京国际会议中心）项目、昌平区东小口镇旧村改造项目集体土地拆迁工作以及通州区司空小区和120项目国有土地征收工作，通过制订征收/拆迁方案、跟踪参与征收/拆迁过程、设计制作相关法律文书、现场安排专人驻场答疑以及对诉讼案件的设计和代理等各项工作，帮助上述项目主体在依法征收/拆迁的同时合法加快项目进程。

此外，我们还积极参与了农村集体产权制度改革工作，有效协助各级政府处理信访事件，成功代理上千起行政裁决、行政复议、行政诉讼案件，大部分案件取得了良好的审判效果和审理结果。

客户的充分信任给予我们深入研究政府工作法律问题的机会，也有效锻炼了律师团队。我们在总结经验的基础上深入研究面向基层政府行政职能的法律服务产品，相继完善和推出了"政府机关行政职能梳理""重大项目、重大决策法律风险评估""政府投资项目廉政风险防控""集体土地拆迁全程法律服务""国有土地上房屋征收全程法律服务""违法建设清理、拆除""农村集体产权制度改革""政府机关编制外劳动用工管理""依法治村、建立村规民约体系"等产品以及一系列针对各级政府机关实务性、操作性极强的经典课程，深受各级政府机关的好评。

三、积极拓展法律服务维度，推广政府顾问工作经验

（一）拓展服务的深度和广度，完善和更新法律服务产品

坚持学习政府工作报告，结合政府机关的综合行政职能和目前可能面临的法律风险状况，我们在统筹分析实际需要的基础上，充分发挥自身团队专业化分工的执业特点，帮助政府机关依法行政，化解各项矛盾。积极拓展法律服务的深度和广度，覆盖政府工作的方方面面。

1. 行政活动普适性法律服务

本项服务内容包括：（1）对具体行政活动提供法律意见；（2）为具体

行政事项提供程序性指引，促使行政行为合法规范；（3）参与研究、总结行政活动中带有普遍性的问题，提出完善管理流程、制度和解决问题的建议；（4）参与处理涉及政府尚未形成诉讼的行政、经济纠纷及其他纠纷并提供有效的解决方案或分析意见。

2. 行政职能梳理及《行权手册》定制

党的十八届四中全会再次将依法治国推向新高度，更加突出了依法行政是依法治国的重要及标志性任务。根据权力清单的新要求，我们结合依法行政实际问题及任务，总结经验，完善行政职能梳理产品，协助政府机关明晰权力、规范行为，实现依法行政的规范化、制度化。

本项服务内容包括：（1）梳理职权内容及法律依据，审查政府机关的组织机构设置与法律赋予的权能、责任是否相对应；（2）对职权进行分类解析，明确各类行为的法律要素，制作职权分类表；（3）制定职权管理规则，明确责任主体、行政程序、执法标准、责任追究等，制作管理规则操作手册；（4）制作所涉行权文书模板，必要时通过配图予以说明；（5）设计、制作内部工作效率管理及流程控制规程；（6）根据实际需要，编制系统、全面的行权手册。

3. 规范性文件（草案）审查和修改

严格按照现行法律法规，结合自身参与制作其他规范性文件过程中积累的经验，应政府机关要求参与规范性文件（草案）的制定及审查、修改工作。

本项服务内容包括：（1）参加规范性文件起草或修订的前期调研及讨论；（2）审查行政规范性文件（草案）是否符合政府机关法定职能权限；（3）审查内容及制定、公布的形式、程序是否合法合规并依法提出修改意见；（4）根据需要，针对行政规范性文件出具书面审查意见。

4. 重大决策、疑难问题处理及法律风险防控

当下，风险评估已被确定为重大行政决策的法定程序，合法性审查机制亟待建立与完善。易和常年践行并优化完善了一整套法律服务机制，以协助政府机关进行重大决策，评估法律风险并就疑难问题探讨最佳处理方案。

通过对法治政府建设政策文件的深度挖掘，协助规范决策流程，防范决策风险并就疑难问题设计最佳处理方案；协助设计制定决策工作机制及责任体系，制定决策相关问题处理方案，设计决策实施配套流程、文件模板；进行决策项目实时跟踪，保障决策效果。例如，为民主拆迁腾退、违法建设拆除、环境治理、国有股权划转、土地集约化利用和规模化管理、平原绿化造林、政府重大融资和建设项目（地铁、高铁、高速公路等）等决策出具风险评估，在全国多地实践，通过转换法律关系，科学、合理地设计操作模式，防范社会矛盾纠纷，有效避免了政府行政风险，协助政府取得了良好的决策效果，提高了实施效率。

5. 重大经济项目方案策划及实施跟踪

如政府涉及重大经济项目和招商引资工作需要提供法律分析和论证服务，我们将全程参与并通过如下服务为项目的顺利实施提供法律支持：(1) 从法律角度对项目实施的可行性进行分析论证；(2) 协助政府进行项目策划，制订项目实施方案；(3) 拟定项目合同，必要时参加项目谈判；(4) 参与项目招标工作，对程序及廉政方面进行法律风险控制设计及管理；(5) 提供项目实施过程中的法律文书审查、突发性事件处理等法律支持。

6. 系统提供土地一级开发（征收/拆迁）工作策划与实施全程法律服务，独家创立并推广运用集体土地自主腾退方式

参与国家重点科技开发项目，国际新城、国际会议中心项目，大型棚户区改造、旧村改造项目，集体土地拆迁工作及多省市地区国有土地征收、拆迁项目，并取得良好实效。通过制订征收/拆迁方案、跟踪参与征收/拆迁过程、设计制作相关法律文书、现场安排专人驻场答疑以及对诉讼案件的设计和代理等各项工作，帮助上述项目主体在依法征收/拆迁的同时合法加快项目进程。创新拆迁模式，在土地一级开发、集体土地征地拆迁工作中充分运用村民自治，创设自主腾退模式，有效化解决策和实施法律风险，有效降低开发成本的同时提高工作效率。

7. 积极推动依法治村，协助基层政府建立村规民约体系

通过全面审查既有村规民约及实地调查研究，诊断农村治理中的法律风

险和实际操作问题。根据实际需求规划设计村治理规范体系，设计、制作各项具体治理规范及其实际操作程序性文书模板，协助健全各项配套机制，将基层党组织作为农村治理决策机构，有效实现党组织依法领导和开展治理的主体地位。同时，制定基层政府对村委会的有效监督指导措施，将基层政府社会治理工作落到实处。通过对村干部及主要执行人员进行法律及村规民约操作培训，推进村规民约实施并实际发挥治理作用。目前，我们已开展某区三十余村村规民约体系化工作，深入调研，真正做到通过依法自治全面保障农民自身权益。

8. 协助信息公开及信访处理

信息公开和信访是行政机关日常面临的两项影响面广且比较敏感的工作。近年来，随着公民知情权意识增强，社会矛盾化解方式多元化和制度化，信息公开、尤其信访案件数量呈几何倍数增长，依法妥善处理信息公开及信访案件对维护社会整体和谐稳定至关重要。因此，采取合法、有效的方式减轻行政机关信息公开及信访工作的压力，是我们注重提供的法律服务之一。

我们根据政府机关的实际需求提供以下服务：（1）根据职责范围，协助确定政府机关信息公开的内容、范围、方式及程序；（2）依法建立信息保密审查机制，明确程序和责任；（3）参与信访接待及受理工作；（4）为上访群众提供法律咨询服务；（5）对信访事项中应该通过诉讼、仲裁、行政复议解决的问题，引导群众依法正确维护自身合法权益；（6）对重大疑难涉法信访问题处理进行法律论证，提出律师建议和书面意见；（7）对无理缠访人员进行法律宣传教育。

9. 法律文书规范及风险预防

结合法律规定及我们的实践经验，协助政府机关做好文书规范及法律风险防控工作。具体内容包括：（1）审查、修改通知及函件等各类行政公文；（2）对行政许可、行政处罚等具体行政行为所涉程序性文书进行合法性审查；（3）起草、修订政府机关日常工作涉及的各类经济合同并就合同中存在的风险提出防范建议，必要时可出具书面法律意见；（4）设计、制作常用合同、常用文书范本。

10. 劳动用工方式设计及风险防御

随着《劳动合同法》及其司法解释、配套文件的颁布实施，政府机关外聘、借调的相关工作人员（以下统称“外聘人员”）被纳入调整范围。我们通过合法统筹、规范“外聘人员”用工方式、制度设计等工作，帮助行政机关防御或减轻用工法律风险。

具体工作包括：（1）进行“外聘人员”用工情况调查，出具调查报告；（2）根据调查情况，结合法律法规，全面分析现有用工模式的法律风险；（3）在梳理用工关系的基础上，提出政府机关劳动用工方式优化方案及建议；（4）根据“外聘人员”岗位性质、职责等具体情况，分类制定劳动用工合同；（5）设计工时、用工流程，建立和完善“外聘人员”劳动用工管理制度，做到有章可循；（6）针对用工纠纷，提供合法有效的处理方案，帮助合法化解争议等。

11. 法律实务及热点问题培训

易和律师团队在全面了解服务需求及目标的基础上，为政府机关设计个性化的法律实务培训方案及专题，由专业律师、合伙人根据自身专长，与政府机关共同分享参与处理相关行政机关法律事务的实务工作经验。目前的培训课题主要包括：（1）规范管理，依法行政（根据党的十八届四中全会调整最新版）；（2）合同签订及履行法律风险防范；（3）集体土地房屋拆迁或国有土地房屋征收实务；（4）拆除违法建设相关问题；（5）重大决策法律风险评估机制的建立；（6）机关、事业单位劳动用工风险防范；（7）新《行政诉讼法》解读系列等。

此外，我们还可应政府机关实际需要，通过专题讲座、普法培训等各种不同的方式，提供分层次的法律实务培训。

12. 复议、诉讼及仲裁案件代理

在政府机关涉及或可能涉及行政复议、民事诉讼、行政诉讼及其他纠纷时，易和提供如下法律服务，以维护政府机关及相关当事人的合法权益：（1）参与案件论证，分析法律关系、调处方案及诉讼风险，提出处理建议；

（2）在行政复议、行政诉讼或仲裁中担任贵单位的代理人；（3）在民事诉讼中担任贵单位或贵单位关联第三方的代理人；（4）撰写案件情况总结及制作案卷；（5）归纳总结多发性纠纷的特点，提出预防措施建议。

在这些经典法律服务的基础上，易和律师与时俱进，不断研发新的政府法律服务产品，积极为政府机关提供有效的个性化服务和支持。

（二）推广政府顾问工作经验，呼吁律师广泛参与

随着律师工作的深入，政府越来越依赖律师。律师推动政府依法行政，发挥在法治化进程中的应有作用，不能仅靠一个平台、一支团队，而是需要更多律师的认同和参与，需要一个职业共同体的积极作为。

党的十八届四中全会后，依法行政已经成为各级政府必须遵守的行为准则。很多经济发达地区仅村委会都有数亿元资产。如果不用法律约束，就会出现乱作为。律师为基层政府提供法律服务，是在提高基层政府公共服务和社会治理水平，对社会的稳定和谐、有序发展具有重要意义。

在积极研发服务产品、服务基层政府的同时，近年来，我们致力于将政府顾问工作的成功经验推广到全国各地，带动同行积极参与基层政府的法律服务工作。希望更多的律师能参与到这项利国利民、推动社会治理现代化的法律服务工作中来。

政府法治思维和依法行政能力培训课程设计与实施

闫丽彬*

【服务对象】

各级各类行政机关及法律法规授权组织

【需求分析】

1. 新时代国家治理能力和治理体系现代化目标要求增强政府效能和政府工作人员依法行政和社会治理能力。

2. 全面提高政府工作人员法治思维和依法行政能力是 2020 年法治政府建设基本完成，2035 年实现法治国家、法治政府、法治社会基本建成规划中一项重要工作任务目标。

3. 现有公务员培训体系多侧重理论、形式单一，缺乏针对性和实用性，不能满足短期内快速提升法治思维和依法行政能力并在行政和治理实践中见实效的时代要求。

---

* 文字整理人：闫丽彬，中共党员，吉林大学法学博士，北京市易和律师事务所高级合伙人、管委会主任，担任多家研究性社会团体常务理事、理事等职，曾获北京市律师行业优秀共产党员，北京市优秀律师等荣誉。

4. 易和政府法律服务、公共机构法律风险防范服务中心行政争议调解实践及对各级各地政府培训实践获取的调研数据和相关信息反映，政府工作人员，尤其领导干部对律师作为法律实务工作者、政府法律顾问提供理论结合实际、分类分级、实用新型的培训课程具有迫切而持续的需求。

【服务程序】

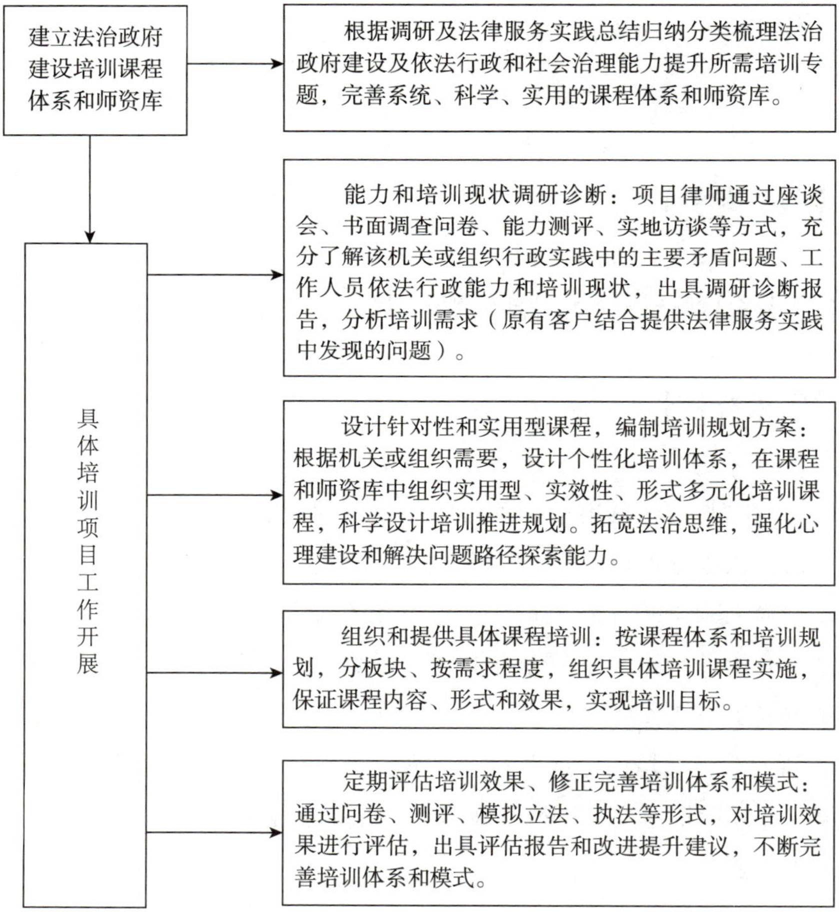

【服务方式】

法治政府建设系列培训项目主要采取以下方式进行：

1. 主动式服务。律师团队深入实际调研，挖掘问题结点，及时评估，持续跟踪，结合党和国家治理需要，不断更新升级项目服务体系、内容、效果。

2. 前瞻性分析。在实地调研和科学论证的基础上，结合法治政府和社会治理能力建设任务，对机关或组织能力缺陷和提升、培训需求进行系统分析，针对性化解。

3. 个性化设计。针对不同层级、不同管理领域的机关或组织存在的法治素养和法治能力问题，立法、执法、决策等实际问题规范和矛盾化解需要，量身定制培训课程和培训方案。

4. 资源整合型推进。遴选吸纳理论界专家、行业领域专家、政府法律服务实务专家、心理学专家、艺术大师等专业人士，推进项目实施，发挥专业和团队优势，形成立体化、多元化、复合型培训模式，进行个体和群体的全方位系统提升训练。

【服务内容】

一、介绍和展示法治政府建设系列培训课程

向机关或组织介绍和展示法治政府建设培训课程体系、设计思路、具体类别板块、培训目标及效果等。

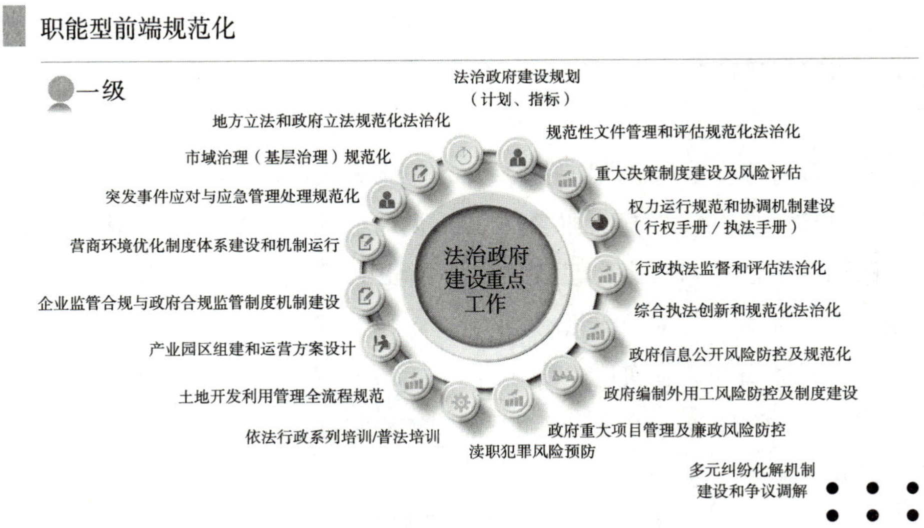

党委和政府法律服务一级项目课题

二、能力和培训现状调研诊断

组织问题和培训需求调研，出具调研诊断报告，分析问题并提出培训建议。

三、协助完善培训制度体系和能力训练工作机制

针对现状问题，协助机关或组织完善培训制度体系，建立健全能力训练机制，提高制度和机制实操性和运行效果。

四、个性化课程设计和培训方案编制

在课程和师资库中组织实用型、实效性、形式多元化培训课程，如规范管理类、风险防控类、严格执法类、基层治理类等，科学定制培训推进方案。

五、培训实施

按课程体系和培训规划，采取有效方式、方法，组织培训有序实施。

六、评估培训效果完善课程体系

从主体、内容、接受程度、转化程度等角度对培训实施效果进行考核、评估，完善培训体系，提高培训实效。

七、设计制作年度培训和工作人员能力工作报告、汇报 PPT、纪录片

结合培训设计和实施实际，定制机关或组织的年度培训和工作人员能力工作报告，运用大数据，实证分析、比较等方式，总结工作、分析理念和能力问题，并根据需要以 PPT、纪录片等可视化、可持续的载体方式展现。

【风险提示】

1. 创新模式和体系与原有培训机制是否存在矛盾以及如何平稳高效对接，需要机关或组织进行自测和判断。

2. 机关或组织需进行课程体系和内容审查，对是否符合本单位实际需求进行判断。

【预期效果】

1. 通过项目推进，建立机关或组织完善的培训和能力训练体系，形成法治政府建设全局认识，完善工作机制，提高工作人员尤其是领导干部的法

治素养和法治思维能力。

2. 通过培训课程优化设计和实施，完成个体素养、法律知识运用、问题应对能力、矛盾预判和调处能力等方面的工作人员和领导岗位素质建设，掌握依法行政和社会治理创新模式、法律底线、有效方式、科学方法等。

3. 通过法治思维、依法行政和社会治理能力的系统性和整体性提升，促进机关或组织规范履职、全面履职和治理创新，本质上提高政府效能和公信力，依法、优质、高效推进党和政府各项工作。

法治政府建设督查工作体系建设与规范化

林琴梅*

【服务对象】

地方党委

【需求分析】

依法行政监督和责任成本加大

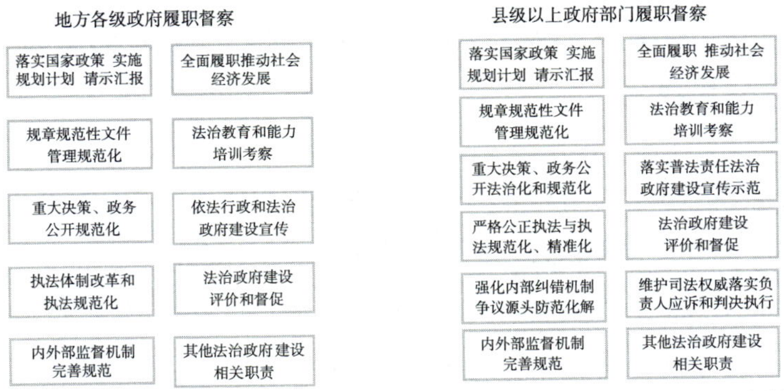

中共中央办公厅、国务院办公厅印发《法治政府建设与责任落实督察工作规定》（2019年4月15日实施）

督察任务指标

---

* 文字整理人：林琴梅，北京市易和律师事务所高级合伙人，中共党员，毕业于中国青年政治学院，担任中国法学会体育法学研究会理事。从业以来始终致力于政府行政法律服务研究，为多家行政机关提供常年法律顾问服务。

一、地方党委在推进本地区法治建设中发挥核心领导作用

根据中共中央办公厅、国务院办公厅印发的《党政主要负责人履行推进法治建设第一责任人职责规定》，党政主要负责人作为履行推进法治建设的第一责任人，应当充分发挥党委在推进本地区法治建设中的核心领导作用。2019 年中共中央办公厅、国务院办公厅印发了《法治政府建设与责任落实督察工作规定》，明确督察对象和内容，从决策部署到目标落实等多方面对地方各级党委和政府的法治政府建设工作进行全面督察和考核，加强党对法治政府建设的集中统一领导。党的十九届四中全会强调，坚持和完善中国特色社会主义制度、推进国家治理体系和治理能力现代化。党的十九届五中、六中全会进一步提出“十四五”重点工作和任务，总结了百年经验并确立了下一个百年的发展方向。《法治中国建设规划（2020—2025 年）》《法治社会建设实施纲要（2020—2025 年）》《法治政府建设实施纲要（2021—2025 年）》陆续出台，进一步明确和细化了法治政府、法治社会、法治国家一体建设的路线图和具体举措。

二、党委督查是党领导地区法治建设、推动党的决策部署贯彻落实的重要手段

地方党委承担着督查检查职能，党的督促检查工作的主要任务是，推动党的理论路线方针政策执行和党中央决策部署贯彻落实，重点是督促推动党的十九大和十九届历次全会精神及党中央重要会议决策部署的贯彻落实，党内法规、党中央重要文件的贯彻执行，习近平总书记重要讲话和指示批示精神的贯彻落实，其他中央领导同志对地区工作指示批示精神的贯彻落实，党中央部署的重大专题活动的推进落实；督促推动各级党委重要会议决策部署的贯彻落实，各级党委重要文件的贯彻执行，各级党委领导同志指示批示和交办事项的办理落实，各级党委部署的重大专题活动的推进落实；上级党组

织部署的工作任务的完成。

中共中央办公厅印发的《关于统筹规范督查检查考核工作的通知》指出，“督查检查考核工作是推动党的理论和路线方针政策、党中央决策部署贯彻落实的重要手段，是改进党的作风、激励广大干部担当作为的重要举措。近年来，督查检查考核工作不断加强，激励鞭策的指挥棒作用有效发挥，必须坚持不懈抓下去”。同时指出目前督查工作存在名目繁多、频率过高、多头重复、重留痕轻实绩等问题，并提出“严格控制总量，实施计划管理”“注重工作实绩，改进方式方法”等要求。根据中共中央办公厅《关于统筹规范督查检查考核工作的通知》精神，中共北京市委办公厅印发了《关于统筹规范督查检查考核工作的若干措施》，强调要加强对督查检查考核工作的统筹规范，严格控制督查检查考核总量和频次，实行年度计划和审批报备制度。要完善考核评价体系，科学合理设置考核指标体系。要改进方式方法，注重工作实绩。各区要对照市级清理规范的原则、做法及压缩比例，扎实开展专项清理，确保对乡镇（街道）、村（社区）、企业学校的督查检查考核事项压缩比例不低于市级压缩比例。各区各部门党委（党组）要强化主体责任，加强组织领导，建立健全统筹协调机制，加强对本区本部门督查检查考核工作的计划管理和监督实施，把督查检查考核工作做得更好更有成效。

中国共产党作为执政党，承担着领导法治建设工作的重要使命，督查是党委工作的重要方式。地方党委亟须加强督查工作体系建设与规范化，探索创新督查方式和方法，提升督查能力和水平，有效发挥督查对于推动党的理论路线方针政策执行和党中央决策部署贯彻落实的作用。

【服务程序】

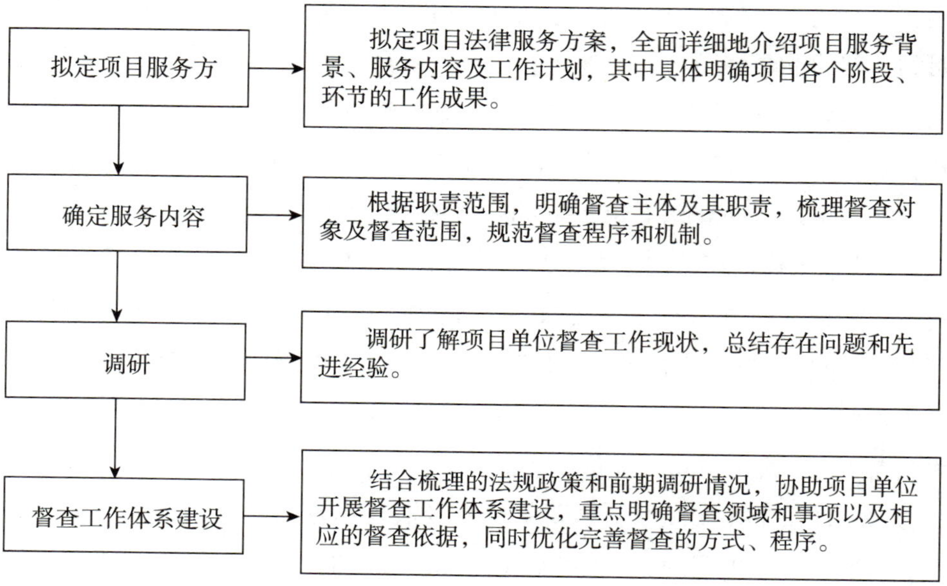

【服务方式】

1. 归纳梳理现行法律法规政策。全面梳理党委督查涉及的法律法规和政策规定。

2. 实地调研。律师团队主动深入项目单位进行实地调研，与相关工作人员沟通交流，了解督查工作现状，总结督查常见问题。

3. 实时沟通，全过程跟踪服务。通过电话、邮箱、网站、微信（群）等多种方式，及时与项目单位负责人员沟通、联系，及时解决工作开展过程中遇到的疑难问题和矛盾，及时报告、调整工作方案和成果。根据项目推进情况，开展相应辅助性的法律服务工作，参加项目相关疑难问题的论证、研讨、调查，制作项目汇报 PPT 和书面汇报文件。

4. 团队式服务。结合实际情况，本律师事务所组成项目组，对复杂、疑难法律问题及时进行集体“研讨会诊”。

【服务内容】

一、党委督查工作现状调研

（一）全面调查了解党委督查工作现状

1. 全面梳理党委关于督查工作方面的党内法规和规范性文件，以及为落实督查工作制发的相关政策性文件。

2. 在全面梳理相关法律法规政策的基础上，通过座谈会、调查问卷、坐班等形式全面了解党委关于督查工作方面的机构设置、职能分工、措施安排等工作现状。

（二）分析现存问题并提出优化建议

在梳理法规和了解现状的基础上，归结督查工作中存在的问题与不足，进行合法性、合理性分析，并提出有针对性的解决方案。

二、建立健全党委督查工作机制

结合前期调研和分析情况，根据中共中央办公厅《关于统筹规范督查检查考核工作的通知》、中共北京市委办公厅《关于统筹规范督查检查考核工作的若干措施》等文件要求，明确督查机构及督查对象，梳理督查范围和内容，规范督查方式和流程，优化督查工作协调机制，强化督查责任落实，构建党委督查工作管理制度。

三、重点领域常见问题督查要点梳理

根据项目单位督查工作重点内容和主要方面，就督查工作经常涉及的生

态环境、城乡规划、土地管理、工程建设、房屋租赁、物业管理、治安管理、教育培训等预付费行业监管、市政市容管理等领域，全面分类梳理重点领域各项重点工作督查要点，厘清督查内容和依据。例如针对城乡规划与土地管理领域的违法建设查处事项，厘清其职权主体、事实认定、法律适用、查处程序、处理措施与裁量基准等要点。

四、建立重点领域法律支持数据库，提供专业保障

（一）建立重点领域法律支持数据库

为有效实施党委督查工作，充分发挥党委督查工作机制的应有效能，针对工作中经常遇到的相关领域问题，可按照生态环境、土地管理、工程建设、房屋租赁、物业管理、治安管理、教育培训等预付费行业监管、市政市容管理等方面，建立重点领域的法律支持数据库，包括法律法规库、专家人才库、典型案例库等。

（二）组织设计专项培训服务

对于开展党委督查工作中遇到的常见普遍性问题或疑难复杂问题，可从重点领域专家人才库中委托相关专业的专家，就存在问题及其预防应对提供培训。通过此进一步提升领导干部的依法治理能力和水平。

（三）针对督查发现的普遍性问题定期发布案例通报

对于开展党委督查工作中遇到的常见普遍性问题，可对督查案例进行全面梳理与分析，提炼重点关注问题与先进举措，编撰指导案例定期通报，以供各督查对象进行学习借鉴，整体提升地区法治建设水平。

【风险提示】

1. 督查文件多为党内法规和规范性文件，很多无法从公开渠道查询获得，需与项目单位密切沟通，确保全面。

2. 严格落实“严格控制总量，实施计划管理”“注重工作实绩，改进方式方法”等督查工作要求，避免项目成果形式化、机械化。

【预期效果】

根据上级党机关关于统筹规范督查检查考核工作的精神，结合本地区实际，从地区党委的职责和需求入手，通过梳理规范地方党委的督查工作制度机制，完善法规政策支持体系，构建制度、流程、机制、法治保障相结合的特色治理体系，加强督查工作制度化、规范化建设，有效提升地方党委的督查能力和水平。

法治规划设计与实施法律服务

陈智昊*

【服务对象】

各省（自治区、直辖市）、市、市辖区（县）人民政府、委办局

【需求分析】

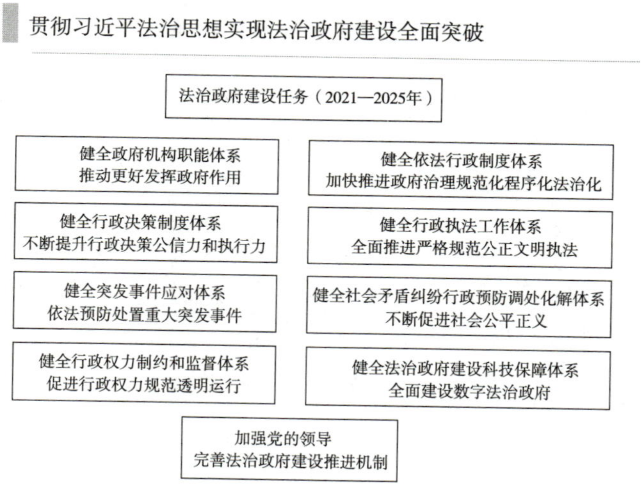

法治政府建设任务（2021—2025年）

---

* 文字整理人：陈智昊，北京市易和律师事务所合伙人，中共党员，毕业于西南政法大学，主要执业领域为政府法律顾问业务，具有十年市、区两级政府部门工作经验，擅长业务领域包括违法建设查处等行政执法、征收拆迁、政府采购、招投标事项处理等。

2020 年至 2021 年，中共中央先后印发了《法治社会建设实施纲要（2020—2025 年）》《法治中国建设规划（2020—2025 年）》《法治政府建设实施纲要（2021—2025 年）》，共同构建起新时代中国特色社会主义法治建设的顶层设计，勾勒出依法治国、依法执政、依法行政共同推进，法治国家、法治政府、法治社会一体建设的总蓝图。

法治规划是统筹推进本地区、部门法治建设各项工作的纲领性文件，随着国家整体法治建设工作的不断推进和完善，各地区、部门面对新形势、新起点如何更好地设计和规划未来法治建设的重点工作和任务目标，将直接关系到未来法治建设工作的实际成效，以及本地区、本行业未来发展定位的精准落地。

一、法治规划是各地区、部门推进全面准确贯彻落实法治中国建设要求的必然要求

中共中央印发的《法治中国建设规划（2020—2025 年）》《法治社会建设实施纲要（2020—2025 年）》《法治政府建设实施纲要（2021—2025 年）》，均要求各地区全面准确贯彻规划精神和要求，结合实际制定实施方案。各地区、各部门应坚持以习近平法治思想为指导，把深入学习贯彻习近平法治思想和中央全面依法治国工作会议精神同实施规划有机统一，形成可执行、可操作的实在举措，确保各项法治建设各项工作任务落地落实。

二、发挥法治固根本、稳预期、利长远的重要作用需要法治规划进行统筹设计

当前我国正处于实现中华民族伟大复兴关键时期，改革发展稳定任务艰巨繁重，各地区、各行业稳经济、促发展迫切需要更好地发挥法治固根本、稳预期、利长远的保障作用。法治规划作为本地区、本部门的法治建设“总施工图”，通过明确目标、规划路径等方式，有效衔接本地区、本部门相关规划及

年度工作计划，可以统筹推进本地区、本部门治理体系和治理能力现代化，围绕服务地区和行业发展大局，更好地发挥法治的引领、规范和保障作用。

三、法治规划需要不断更新完善方能适应当前社会发展形式

全面推进依法治国是一项长期而重大的历史任务，全面依法治国的纲领性文件《法治中国建设规划（2020—2025 年）》更是规划了 2035 年法治国家、法治政府、法治社会基本建成的远景目标。由此可见，法治规划不是局限于“十四五”时期的举措，而是应随着社会发展变化不断更新调整的长期任务，各地区、各部门有必要统筹考虑经济社会发展状况，不断更新法治建设“新蓝图”。

【服务程序】

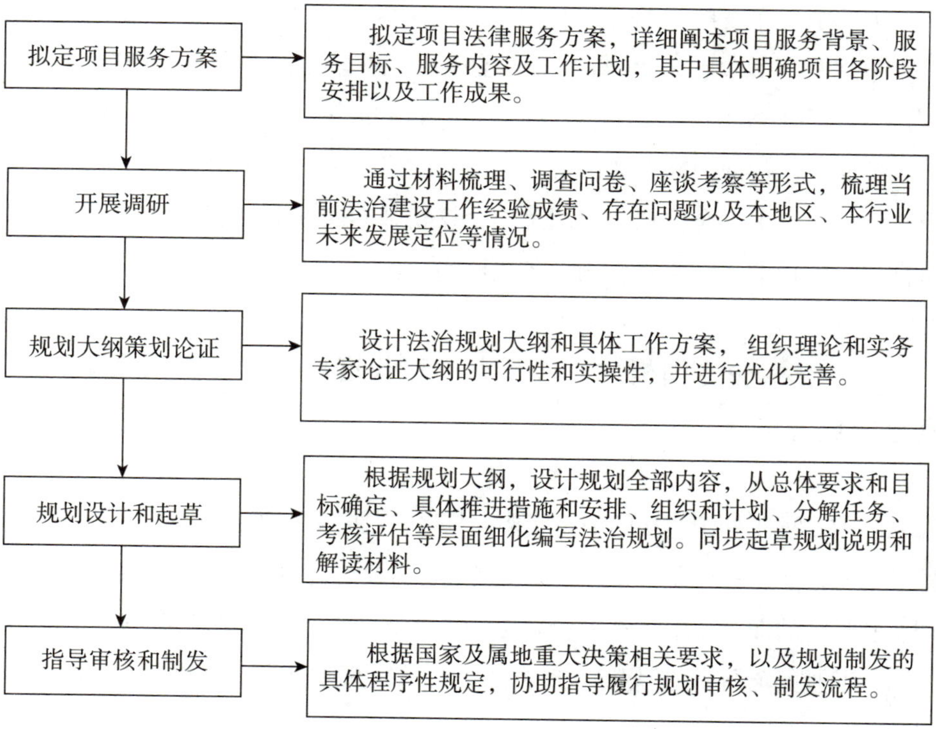

【服务方式】

1. 主动式、团队化工作模式，组建多层级、多专业律师团队提供相应法律服务。

2. 建立主联系人定期沟通制度。为便于全面掌握服务团队的工作量及项目开展情况，可指定一名工作人员为项目主联系人，律师团确定一名律师同该主联系人建立定期沟通的模式。

3. 多种工作方式灵活并用制度。根据服务事项的具体情况采用现场办公、会议、电话、传真、电子邮件等具体方式提供服务。

【服务内容】

一、法治建设调研报告

根据服务对象发展定位，围绕国家和地区法治建设任务以及整体规划目标，详细了解总体工作安排、职能划分与机构配置、法治意识和法治能力水平、考核评价与监督追责等方面情况。拟定调研提纲、调查问卷及调查统计表，设计、指导调研数据采集工作。形成调研资料库，梳理经验和问题清单，撰写调研报告，提出法治规划建议。

二、法治规划大纲

设计法治规划大纲，对标上位规划要求，围绕服务本地区、本行业改革发展大局，明确法治建设任务目标以及重点工作方向，以社会主义法治体系为逻辑主线，设计法治规划各章节框架体系。大纲一般包含指导思想、主要原则、总体目标、具体举措、组织保障等部分，具体章节设置应结合前期调研实际情况确定。

三、法治规划草案

按照前期法治规划大纲确定的章节框架，细化完善工作任务、保障措施、监督考评机制等具体内容。坚持问题导向和目标导向，结合调研成果，充分挖掘前期法治建设工作亮点、经验，创建区域法治建设特色品牌，围绕存在的问题与不足，着重补齐短板。明确各单位职责分工，完善组织保障体系，健全规划任务落实推进工作机制，确保法治政府建设各项工作任务落实到位。对于长期任务目标，可以通过制订年度分解任务计划的方式，以年度为单位将规划文件确定的目标要求、任务举措予以细化完善。

四、参与规划论证及制发程序

组织理论和实务专家论证对规划文件的可行性和实操性进行研讨，就规划内容全面征求相关行政机关意见，广泛听取群众、企业、行业协会等不同社会主体的意见，对法治规划进行优化完善。制作法治规划审核制发流程图，提示规划制发程序以及相应时间节点。

【风险提示】

1. 不同地区、行业的法治规划应坚持问题导向，结合区域、行业发展定位，法治建设现状，上位规划任务目标，定制符合服务对象实际需求的规划方案。

2. 规划任务应具备可执行性，需要结合区域、行业法治工作基础设定任务目标，可以分阶段、分步骤谋划任务。

【预期效果】

通过专业介入和团队服务，根据服务对象发展定位，法治建设现状及已有成绩，总结前期法治建设工作经验和问题，围绕新阶段法治建设任务目标确定本地区、本行业规划目标、任务清单，明确推进路径，定制符合服务对象实际需求，能够突出亮点、补齐短板的法治规划及其分解年度计划，通过规划计划，加速推进与未来发展定位相匹配的法治工作架构和保障体系。

国家工作人员职务犯罪防范体系建设

安　好*

【服务对象】

各级政府机关，法律、法规授权的管理公共事务的组织

【需求分析】

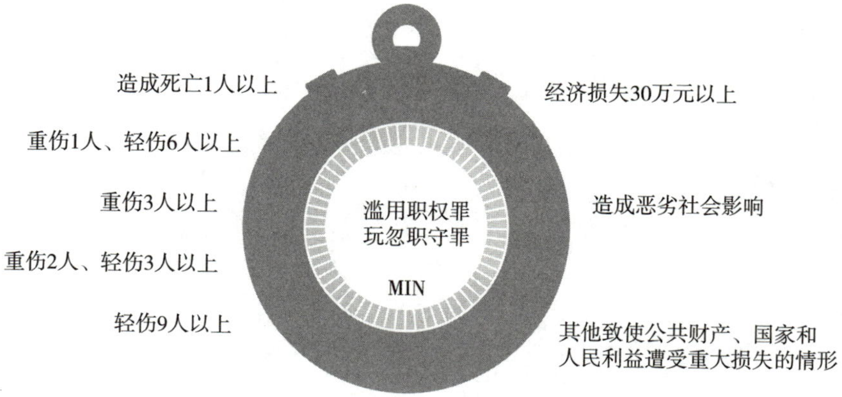

公职人员常见罪名（一）

---

* 文字整理人：安好，中国政法大学法学硕士，中共党员，曾有十三年在检察院系统就职的丰富工作经历，常年办理职务类犯罪案件、经济类犯罪案件、普通刑事案件（含涉未成年人案件），曾获得过个人三等功，优秀公务员、政法系统先进个人、负责的办案组织荣获过省级检察系统嘉奖、个人获得过某省级市检察系统“刑事申诉检察业务能手”称号等荣誉。目前主要服务领域为政府法律服务、刑事法律服务。

非法批准征用、占用土地罪

- 非法批准征用、占用基本农田10亩以上
- 非法批准征用、占用基本农田以外的耕地30亩以上
- 非法批准征用、占用其他土地50亩以上
- 造成有关单位、个人直接经济损失30万元以上
- 造成耕地大量毁坏或者植被遭到严重破坏
- 非法批准征用、占用土地，影响群众生产、生活，引起纠纷，造成恶劣影响或者其他严重后果

公职人员常见罪名（二）

我国统治阶级历来就秉持着“吏者，民之本、纲者也，故圣人治吏不治民”“吏之不平，政之不宣、民治不宁”的治国理念。中华人民共和国成立后，党和政府更是对国家工作人员提出了更高的标准和要求，建立了一套完整的干部任用、选拔、监督、惩戒体系。

党的十八大以来，随着依法治国战略和廉洁政府建设的全面实施，以习近平同志为核心的党中央，一方面从尊重我国历史出发，强调“以史鉴今”，本着“择其善者而从之、其不善者而去之”的科学态度，为推进国家治理体系和治理能力现代化积极借鉴我国古代的成功经验，不断深化纪检监察体制改革，构筑完善的党和国家监督体系，畅通监督途径，完善监督手段，织密监督网络；另一方面持续加大打击职务犯罪的工作力度，密集出台、修订以《监察法》《监察法实施条例》为代表的一系列规范公职人员行为的法律、法规及规范性文件，坚持“老虎”“苍蝇”一起打、“反贪”与“反渎”并举、惩戒与预防并重的工作举措，阶梯交替状立体化地推进打击职务犯罪的工作进程。

党的十八大以来的十年间，根据“两高”工作报告数据，被司法机关审判的职务类犯罪案件共计31.1万件34.1万人，其中仅原省部级以上干部226名。根据中纪委国家监察委网站公布的数据，2012年12月至2021年5

月，全国纪检监察机关共立案审查调查省部级以上领导干部392人、厅局级干部2.2万人、县处级干部17万余人、乡科级干部61.6万人，共计查处408.9万人，374.2万人受到党纪政务处分；2022年全年，全国纪检监察机关共立案59.6万件，处分59.2万人，其中处分省部级干部53人，厅局级干部2450人，县处级干部2.1万人，乡科级干部7.4万人。

虽然《刑法》对职务犯罪中各罪名的罪状有明确的描述，以及针对各类职务犯罪还出台了相关的司法解释；《公职人员政务处分法》《监察法实施条例》等法律法规及其配套性规范文件也对国家工作人员执行公务的行为作出了一系列规定以确保国家工作人员的廉洁性，但如何具体规范权力运行，全方位扎紧制度的牢笼，确保本单位的国家工作人员不贪腐、不渎职，很多单位的制度、机制方面还存在一些空白或漏洞，还有部分需要完善的地方。各单位普遍存在反贪反渎制度，但实施效果不甚理想，主要表现在：

一、反腐反渎机制建设多处于静态化管理层面，缺乏与时俱进的动态管理机制

党的十八大以来，以2013年1月9日最高人民法院、最高人民检察院《关于办理渎职刑事案件适用法律若干问题的解释（一）》开始实施为开端，刑事司法领域积极响应党的号召，围绕职务犯罪行为不断完善、细化刑事规则，大到从《刑法修正案》（九）、（十一）、《刑事诉讼法》中补充相关惩治职务犯罪的内容，小到制定实施法律的司法解释及对具体问题进行实操性批示，如2016年4月18日实施的最高人民法院、最高人民检察院《关于办理贪污贿赂刑事案件适用法律若干问题的解释》、2017年8月7日的最高人民检察院《关于贪污养老、医疗等社会保险基金能否适用〈最高人民法院最高人民检察院关于办理贪污贿赂刑事案件适用法律若干问题的解释〉第一条第二款第一项规定的批复》等多个具体指导应用型的法律规范应时而生，将从严治吏的政策方针切实体现到了刑事司法的方方面面。

与此同时，《公务员法》2017年、2018年被连续两年进行修改、2018

年3月实施的《监察法》、2020年7月实施的《公职人员政务处分法》、2021年9月实施的《监察法实施条例》以及《干部选拔任用工作监督检查和责任追究办法》《中国共产党处分违纪党员批准权限和程序规定》等多部法律法规及规范性文件，也对各级各领域公职人员的行为进行了更为严格的规范，提出了更高的要求。

为顺应长期反腐反渎的高压态势，不断满足党和国家对公职人员提出的履职新要求，结合新的法律法规等规范性文件的颁布及旧的规范性文件的修订、司法实践发现的新问题，建立能够随时修正完善相关反腐反渎制度中漏洞的动态机制，对于长期有效规范国家工作人员手中权力的运行至关重要。

二、反腐反渎机制与单位权力运行情况联系不紧密，行为规范缺乏实操性

从近两年的反腐反渎趋势来看，多地多领域多系统频现贪腐渎职案件，有的甚至还出现了塌方式贪腐渎职串案；而在案发前，这其中不乏有看似“制度完善、纪律严明、规范性强、组织严密”的单位。如2018年8月22日的山西省纪委监察委通报的黑恶势力头目“小四毛”案共有90余名公职人员涉案，其中省监狱管理局党委书记、局长王伟、省监狱管理局副巡视员高奇、省人民检察院原副巡视员贾文声、省高级人民法院审判委员会原专职委员关中翔被给予处分决定。又如2023年春节后至3月底，根据新闻报道的不完全统计，全国教育系统就有13人被查，其中既有教育部体育卫生与艺术教育司原司长王登峰，北京教委副主任刘晓明等司局级高级领导干部，也有余姚市教育局局长王胜战、阳泉市教育局局长高巨海等地方教育系统主要领导干部，还有安徽当涂二中校长曹维栋、枝江市江口小学原校长黄克新等学校校长。

最常见的反腐反渎工作漏洞是各单位的反腐反渎工作机制千人一面，与单位实际运行特别是权力运行情况并未有效衔接，规范原则性虽强，但相关规定在实际监督工作中缺乏实操性，流于形式，导致反腐反渎工作机制并未

发挥出应有的效果，一旦主要领导出现违法违纪行为，往往会导致部门乃至单位相关人员相继因渎职或贪腐一并受到处罚，出现塌方式违法违纪串案。所以根据本单位实际工作情况以及工作特点，量身定做反腐反渎机制是有效预防职务犯罪的第一步。

【服务程序】

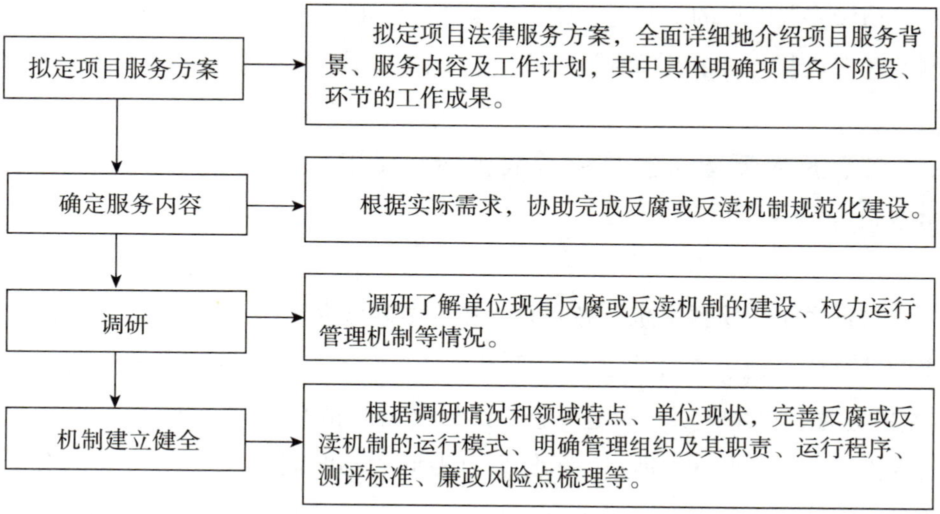

【服务方式】

1. 归纳梳理现行法规政策。全面梳理反腐反渎规范性文件以及与被监管领域、项目单位职能相关的法律法规和政策规定。

2. 实地调研。律师团队主动深入项目单位进行实地调研，与相关工作人员沟通交流，了解此单位反腐反渎制度制定、相关运行机制的现状、涉及单位权力运行以及公职人员职权分工的廉政风险点，包括组织架构、职责分工、监督程序及方式等情况。

3. 实时沟通，全过程跟踪服务。通过电话、邮箱、网站、微信（群）等多种方式，及时与项目单位负责人员沟通、联系，及时解决工作开展过程中遇到的疑难问题和矛盾，及时报告、调整工作方案和成果。根据项目推进情况，开展相应辅助性的法律服务工作，参加项目相关疑难问题的论证、研讨、调查，制作项目汇报 PPT 和书面汇报文件。

4. 团队式服务。结合实际情况，本律师事务所组成项目组，对复杂、疑难法律问题及时进行集体“研讨会诊”。

【服务内容】

一、反贪反渎制度建设现状调研

（一）全面查询梳理相关法律法规及规范性文件的规定

根据单位监管领域以及内部各职能部门分工、公务人员权责划分，以对内管理、对外行权为界限，结合不同职能部门的职责及人员工作分工，全面查询梳理刑事领域、纪检监察领域、行政执法领域等相关的法律法规及规范性规定，为反贪反渎制度的规范性建设提供全面的法制保障。

（二）了解单位反贪反渎制度建设现状，分析现存问题并提出优化建议

在全面梳理与单位有关的反贪反渎法律法规规定的基础上，通过座谈会、问卷调查、书面评查等方式，了解单位反贪反渎制度建设的现状，梳理制度建设或机制运行中的痛点，分析现存问题并提出优化建议。

二、反腐反渎制度草拟或完善，形成反贪反渎制度性系列规范文件

根据“公正用权、依法用权、为民用权、廉洁用权”的原则和相关法律法规、规范性文件，结合项目单位的实际情况及职权特点，为项目单位草

拟或完善反贪反渎制度性系列规范文件，细化内部职能部门的权责划分，明确不同职责人员的工作分工、草拟对外对内行使权力或权力运行的风险点示例图、完善监督流程与程序手段，从监督机构设置、监督人员选配、领导职位选任、财物管理、规范职权行使、体系评价标准六个方面，形成工作成果，最终协助项目单位实现反贪反渎职务违法犯罪行为预防制度性规范文件的草拟或完善。

三、制定与反贪反渎预防职务违法犯罪制度配套的示范文本

根据前期法规梳理和调研分析情况，结合单位反腐反渎预防治理的实际需求，为指导项目单位有效贯彻反腐反渎预防职务违法犯罪的制度要求，严格执行相应监督流程或程序，可根据主要监督流程、程序的需要或项目单位特殊要求，设计制作示范文本并予以说明，提供给项目单位进行参考。示范文本围绕职责主体、工作程序、违规违纪惩戒处罚等方面内容进行统筹规范。

四、反腐反渎制度标准规范建设工作深化服务

针对反贪反渎制度性系列规范文件，可指派相关专业律师开展涉及其中的相关文件的宣讲、专题培训等法律服务，促使项目单位各部门及公务人员能够准确认识反贪反渎制度性系列规范文件的制定目的以及实操中注意事项，能够逐步掌握该制度的动态管理规则，不断增强项目单位公务人员的法律意识，提升其反腐抗变的能力与水平，不断完善规范项目单位廉洁用权的管理机制。

【风险提示】

需根据不同项目单位的职责、人员特点以及关注的领域，为其量身定做

反贪反渎制度建设及机制运行。

【预期效果】

帮助项目单位增强全体人员的反腐反渎预防职务犯罪的法律意识，协助项目单位认真梳理本单位外部职责范围及内部管理、权力运行的现行制度及运行机制，将现行有效的制度标准文件整理汇编，逐一分析，对于已不合时宜的规章制度，进行修订或废止，对于缺少的，要尽快起草完善。结合项目单位反腐反渎制度及其相关机制运行的痛点难点，围绕着本单位的职权与公务人员的权限分工，通过此项目建成、完善项目单位可操作性极强、具有实效性的反贪反渎职务犯罪预防制度体系，提升项目单位整体自律水平，最大限度地抑制住“怕担责、不作为、慵懒散”的不良工作风气，逐渐并长期实现“不敢腐、不愿腐、敢做事、能做事”之风清气正的政治生态。

基层治理规范化法治化之“法治村居”法律服务

胡云霞*

【服务对象】

基层政府、村（居）委会

【需求分析】

一、推进社会自治和社会治理创新跃升为新时代下基层法治政府建设的重点任务

我国作为人口众多的农业大国，农民、农村、农业“三农”问题始终是全党、全国工作的根本问题。经过多年改革实践，我国在依法规范农村治理方面已经取得了很大成绩，形成诸多有益经验做法。但随着国家全面深化农村改革，对运用法治思维和法治方式做好“三农”工作提出了更高要求。

* 文字整理人：胡云霞，北京市易和律师事所高级合伙人，中共党员，易和律所党支部组织委员，中国政法大学硕士，北京市朝阳区女律师工作委员会副主任，第十二届北京市律师协会申请律师执业人员管理考核工作委员会委员，第十二届北京市律师北京市律师协会社会治理与律师调解委员会委员。专业从事政府法律顾问业务，为市、区、乡三级政府担任常年法律顾问，提供职能型、前瞻型法律服务。

《关于加大改革创新力度加快农业现代化建设的若干意见》（中发〔2015〕1号）、《法治政府实施纲要（2015—2020年）》先后明确发挥乡规民约等社会规范在社会治理中的积极作用，创新社会治理，推进社会自治。然而实践中，由于村规民约制定粗糙，民主自治制度不健全，党的核心领导地位在农村治理实践中未能充分体现，村内组织关系和权能缺乏规制等问题，集体资产流失比较常见。

2017年10月18日党的十九大报告及2018年1月2日中共中央、国务院《关于实施乡村振兴战略的意见》中均提出，要充分发挥市民公约、村规民约的作用，健全自治、法治、德治相结合的乡村治理体系，加强和创新社会治理。自此，推进社会自治和社会治理创新跃升为新时代下基层法治政府建设的重点任务。党的十九大以来，在党和国家大力提倡基层治理创新的时代背景下，全国各地政府推动基层自治建设步伐加快、对基层自治规范化法律服务项目需求迫切。基层治理规范化法治化之“法治村居”法律服务项目是乡村治理过程中一套必不可少的法治化管理软性措施，与美丽乡村建设相辅相成，给美丽乡村建设提供了有效的法律保障。

二、新要求下基层自治问题尚待进一步解决

（一）基层民主自治制度不健全阻碍了社会治理创新进程

市民规约、村规民约属居民、村民之间的契约性规范，具有地域性、自发性、内控性等特点，在一定条件下延伸了基层政府职能，更容易贯彻执行，有效提高管理效率，形成自我管理、自我约束、自我服务的行为规范。市民规约、村规民约作为基层自治治理和规范人们行为的一种手段，可涉及自治的一切领域。但目前《村民委员会组织法》等法律对村规民约的规定过于笼统，《城市居民委员会组织法》颁布较早，修订多年未出台新规，市民规约整体缺乏定性和规定。

实践中，市民规约缺失、村规民约制定粗糙等情况，一定程度上阻碍了

基层民主自治制度的贯彻落实，在制定程序、效力设定、内容、形式、监督机制等方面都缺乏必要的明确指引和制约，也由此产生了与国家法律法规的诸多冲突、实际执行力较弱等问题。民主管理和决策程序不规范、自治组织关系和权能缺乏规制导致集体资产流失，自治组织干部违反法律法规或者违反党纪遭受处罚案例屡见不鲜。市民规约、村规民约现状无法满足基层民主自治需要。

（二）实践中立法缺位或矛盾影响基层政府依法行政及社会治理效果

我国目前基层政府对社区居民自治和农村村民自治的监管缺位，立法和实践存在诸多矛盾冲突，这些现实困境都对如何实现政府社会治理模式创新，有效引导和把控基层民主自治，保障城乡治理效果设置了难题和挑战。实践中，政府超越权限给村民、居民自治及基层民主治理设定规则，或怠于履行帮助、监督、指导、管理职责的不作为现象，影响基层政府依法行政效果，社会治理能力削弱。

（三）司法救济渠道不畅导致自治缺乏保障路径

根据《村民委员会组织法》第二十七条第二款、第三款的规定，村民自治章程、村规民约与宪法、法律、法规和国家政策相抵触，或者侵犯村民合法权利的，由乡、民族乡、镇的人民政府责令改正。又如，最高人民法院《关于审理涉及农村土地承包纠纷案件适用法律问题的解释》第一条明确规定，集体经济组织成员就用于分配的土地补偿费数额提起民事诉讼的，人民法院不予受理。

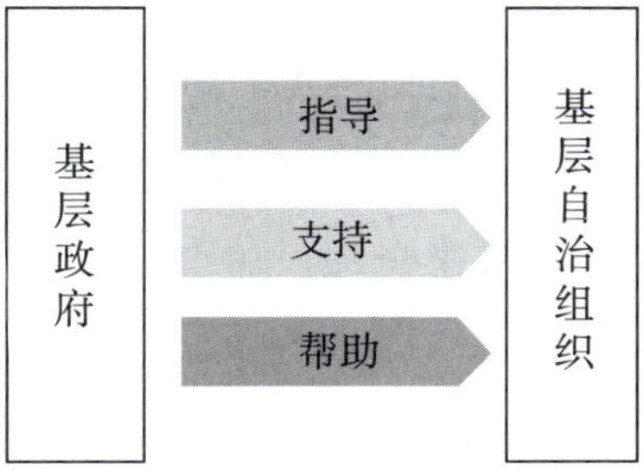

基层政府与基层自治组织的关系

【服务程序】

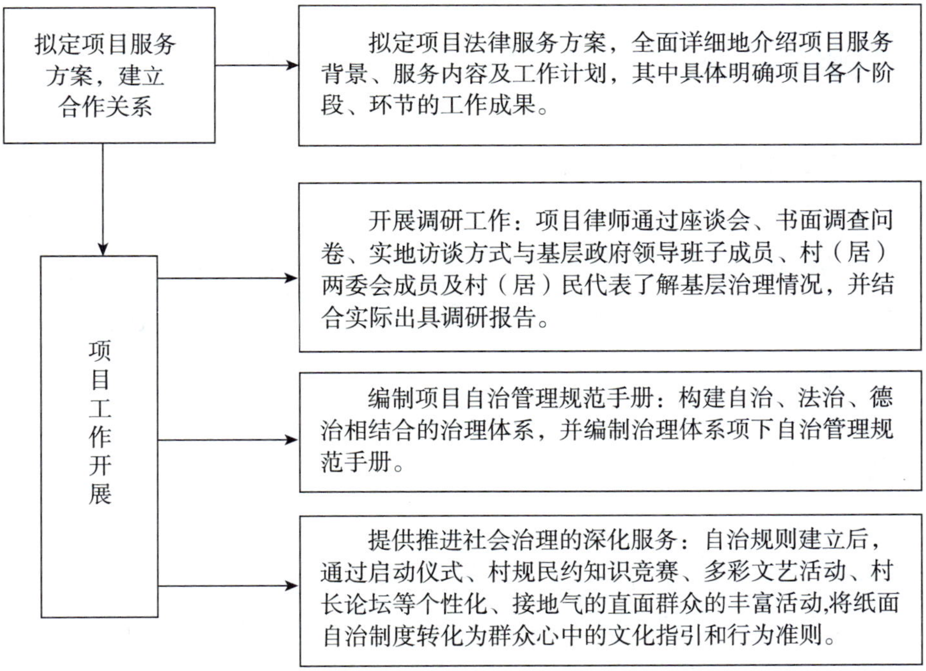

【服务方式】

法治村居项目主要采取以下方式提供法律服务：

1. 主动式服务。主动进村入户，加强与村（居）民的沟通交流，及时、便捷为村（居）委会和村（居）民提供法律服务。

2. 进村（居）实地调研。律师团队主动进村进行实地调研，与村（居）领导班子及其他村干部沟通交流，了解各村（居）实际问题及治理难题。

3. 座谈研讨。多次举办座谈会和讨论会，分析各村治理难题，设计治理方案。

4. 团队难点分析。结合实际情况，本律师事务所以村（居）法律顾问提供法律服务为主，律师事务所其他律师组成团队提供法律服务为辅。对复杂、疑难法律问题及时进行集体“研讨会诊”。

5. 试点先行、稳步推进。选取部分村作为试点先期启动，其后根据项目实施效果，逐步在全镇其他行政村全面推广。

【服务内容】

一、项目培训

为基层政府、村（居）领导班子成员提供“规范管理、依法治村”法律培训，详细介绍基层治理规范化的意义、项目开展的流程以及最终形成的成果文件。

二、项目实地调研

项目律师通过座谈会、书面调查问卷、实地访谈方式与基层政府领导班子成员、村（居）两委会成员及村（居）民代表了解基层治理情况，并结合实际出具调研报告。

三、编制规范化、体系化的市民规约、村规民约

通过全面审查既有市民规约、村规民约及实地调查研究，诊断村、居治

理中的法律风险和实操问题，根据实际需求规划设计村、居治理规范体系，设计、制作各项具体治理规范及其实操程序性文书模板，形成村（居）规范管理手册。形成一个领导核心，两大模块体系。一套实用完整的农村治理规范包括村委会和村集体经济组织事务规范两大模块，党组织按照《党组织领导及监督工作办法》统一领导和监督。《村民自治章程》和《村集体经济组织章程》分别是两大模块的统领性规则，围绕总规则设计民主选举、民主决策、民主管理、民主监督四个方面专项自治制度和规则。细化设计自治体系中每项规约，将基层政府科学有效的治理、监督程序贯彻于各项规约、制度之中，并加以设计和规范，通过农村治理规范的系统化，渗透科学的治理模式，实现村民接受乡镇政府的帮助、指导和监督的意愿，化解基层政府监督过度或监督失职等问题。比如，将听证制度运用在农村重大信访化解中，通过村民自治，内外监督有机结合，健全依法维权和化解纠纷机制，为法律法规没有规定的或无法通过诉讼途径解决的农村争议及基层权力行使瑕疵的监督设定有效通道，保障农村社会秩序。为提高村规民约及各项政策的执行力，方便广大村民实现乡村治理的现代化及制度化，治理规范中每项规约或重大事项处理均配套制作简单、科学的流程图，复杂的制度文书，通过清晰的流程、指示一目了然，实现农村治理程序优化，同时提高办事效率。

将基层党组织作为村、居治理决策机构，有效实现党组织依法领导和开展治理的主体地位，同时制定基层政府对居委会、村委会有效管理、监督和指导措施，将基层政府社会治理工作依法落实。通过科学管理规则设计和体系搭建，规范民主决策、管理等自治行为，挖掘各村、居特色进行个性化文化和经济增长引导。通过对村干部及主要执行人员进行法律及村规民约操作培训推进村规民约实施并实际发挥治理作用，防范和化解农村社会矛盾纠纷。

四、指导村（居）规范管理手册依法履行民主程序

村（居）自治规范手册拟定完成后，根据《村民委员会组织法》《城市

居民委员会组织法》的相关规定，指导基层自治组织履行民主程序，保证程序合法、合规。

五、推进社会治理的深化服务

为有效推进村（居）治理规划化项目所涉各项制度落地实施，该项目延伸提供深化落实系列服务，通过村规民约、市民规约个性化启动仪式；村规民约、市民规约知识竞赛；丰富多彩的文艺作品展演等项目推广活动；通过结合时政及现实问题的主题设计，组织基层自治组织干部主题论坛；“一村一亮点”行动；专项及常态宣传等深化服务，将村规民约植入每一个家庭、每个村民，让所有基层群众在学习中参与，在参与中改进，融会贯通，行有准则，最终实现社会治理创新，助力法治政府顺利建成。

【风险提示】

1. 市民规约、村规民约经合法程序制定发布后，对执行居民、村民具有约束力。

2. 基层政府要加强对村（居）法律顾问的监督管理，指导村居法律顾问合法依规开展法律服务。

【预期效果】

一、保障村、居自治基层政治制度落地实施，解决自治组织内部“立法”问题

通过构建自治体系，建立健全民主选举、民主决策、民主管理、民主监督四个模块的市民规约、村规民约，实现依法治村、依法治居。在自治范围内做到明确责任，互相监督、共同遵守，尤其对村民委员会、居民委员会工

作人员违规操作的经济和民事责任作出契约性规定，通过各项治理规范保证村、居基层权力和行为规范化，有效贯彻国家及地方的各项方针政策，基层自治步入法治轨道。

二、正确引导基层自治组织干部转变观念，树立法治思维，提升治理能力

在我国现有《城市居民委员会组织法》《村民委员会组织法》对市民自治、村民自治实行民主选举、民主决策、民主管理、民主监督等原则规定的基础上，制定规范村内各项事务运行的各项制度，在村内各项规则的框架下，有序开展各项管理工作，引导基层自治组织干部转变观念，树立法治思维、全方位培养和提升基层自治组织干部治理能力，发挥自治优势，防范小官巨腐、小官巨贪，避免发生因法律意识淡薄侵害村集体及村民权益情况，带领各村、居规范共性，发挥特色，推动基层民主规范化和经济、社会健康文明发展。

三、统一规划推行，实现基层民主自治和社会治理规范化、法治化、科学化、系统化，实现基层政府依法行政和社会治理创新

从解决居民、村民自治及基层政府管理、监督、指导基层民主自治的实际问题出发，根据现行法律、法规及政策性规定，在全区各镇、街道统一推广市民规约、村规民约体系化、规范化，村、居干部能力培训及文化宣传工作推广，完善基层自治，优化治理结构、规则和方式方法，引导和充分发挥民主自治优势作用。转变基层政府与村、居自治组织关系，划清权力（权利）边界，实现基层民主自治和社会治理规范化、法治化、科学化、系统化，有效落实基层政府对管理、监督和指导，避免行政风险，推动基层政府依法行政，提升社会治理能力和水平。

四、通过科学设计自治规则及工作人员专项培训，有效疏解基层治理问题，防范和化解社会矛盾纠纷

通过农村治理规范的系统化，村、居干部能力培训专题化，文化宣传常态化等项目，渗透科学的治理理念、模式和方法，有效防范基层治理法律风险、化解社会矛盾纠纷，内部机制消化和解决复杂争议，保障基层自治秩序和社会和谐稳定。

五、通过学法、尊法、守法，培养村（居）民形成规则意识，培育全村（居）形成积极向上的文化理念

将良好的乡风民俗体现在自治制度中，构建德治、法治、自治相结合的基层治理体系，通过系列落实活动，使纸质制度内化为百姓心中的行为指引，形成强大的文化引导力，培育全村形成积极向上的文化理念。

基层治理规范化法治化之“创新社区治理”法律服务

胡云霞*

【服务对象】

基层政府

【需求分析】

2017 年 6 月 12 日中共中央、国务院发布了《关于加强和完善城乡社区治理的意见》，要求健全完善城乡社区治理体系，不断提升城乡社区治理水平，着力补齐城乡社区治理短板。2017 年 10 月 18 日，党的十九大报告中提出，打造共建共治共享的社会治理格局，加强社区治理体系建设，推动社会治理重心向基层下移，发挥社会组织作用，实现政府治理和社会调节、居民自治良性互动。自此，推进社会自治和社区治理创新跃升为新时代下基层法治政府建设的重点任务。党的十九大以来，在党和国家大力提倡基层治理创

---

* 文字整理人：胡云霞，北京市易和律师事所高级合伙人，中共党员，易和律所党支部组织委员，中国政法大学硕士，北京市朝阳区女律师工作委员会副主任，第十二届北京市律师协会申请律师执业人员管理考核工作委员会委员，第十二届北京市律师北京市律师协会社会治理与律师调解委员会委员。专业从事政府法律顾问业务，为市、区、乡三级政府担任常年法律顾问，提供职能型、前瞻型法律服务。

新的时代背景下，全国各地政府推动基层自治建设步伐加快、对基层自治规范化法律服务项目需求迫切。基层治理规范化法治化之“创新社区治理”法律服务项目是实现政府治理和社会调节、居民自治良性互动的治理措施，为共建共治共享的社会治理格局的形成提供了强有力的法律保障。

【服务程序】

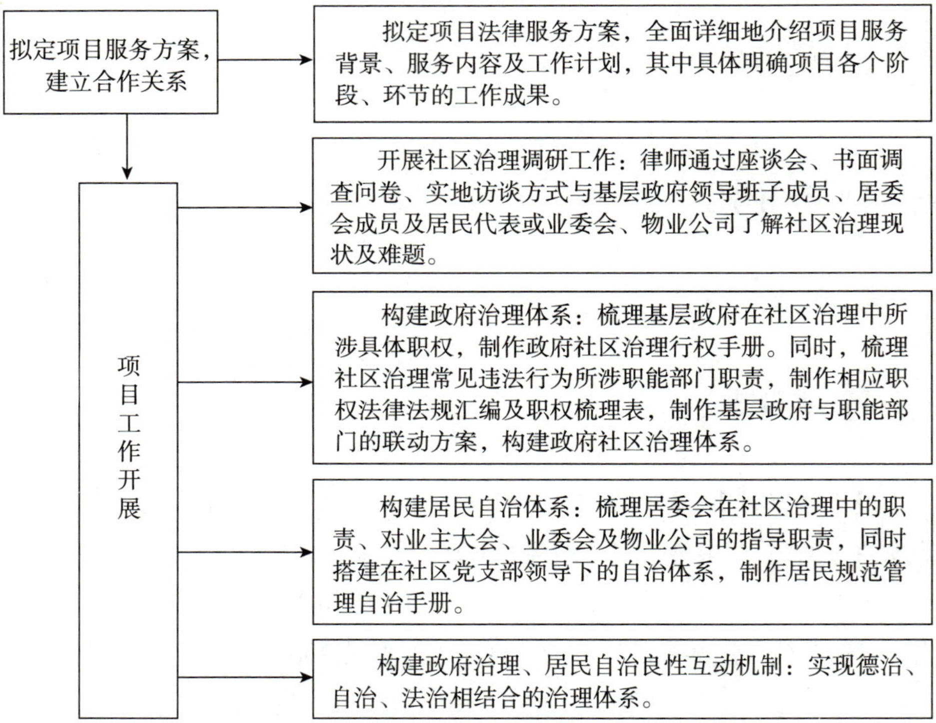

【服务方式】

创新社区治理项目主要采取以下方式提供法律服务：

1. 实地调研。律师团队深入基层政府及社区进行实地调研，通过与基层干部及居委会成员沟通交流，了解、提炼社区治理现状及难题。

2. 座谈探讨。针对社区治理常见违法事项（但不限于私搭乱建、侵占绿地等）查处的实际操作及现实难点等问题，与基层政府及各职能部门深入交流、探讨，为更好地构建政府部门之间联动执法机制提供支撑。

3. 团队难点分析。结合实际情况，本律师事务所以基层政府法律顾问提供法律服务为主，律师事务所其他律师组成专业团队提供法律服务为辅的方式开展项目工作。复杂、疑难法律问题及时进行集体“会诊”，确保项目落地实施的合法性。

【服务内容】

通过梳理基层政府、职能部门在社区治理中的职权依据，厘清职责边界，依法搭建政府治理体系；通过梳理居民自治所涉法律、法规，明晰居民自治权利范围，依法构建居民自治体系。通过政府治理、居民自治良性互动，进而实现德治、自治、法治相辅相成的创新社区治理格局，具体服务内容如下。

一、项目培训

为基层政府、居委会领导班子成员提供“创新社区治理项目”法律培训，详细介绍创新社区治理的必要性及创新社区治理的工作路径。

二、项目实地调研

项目律师通过座谈会、书面调查问卷、实地访谈方式与基层政府领导班子成员、居委会成员及居民代表或业委会成员、物业公司了解社区治理现状及难题。

三、构建政府依法治理体系

第一，梳理基层政府在社区治理中的法定职权，制作行权手册。通过全面梳理基层政府社区治理所涉法律法规，厘清基层政府在社区治理中的法定职权，制作基层政府在社区治理中的行权流程及行权时所使用的文书模板，为基层政府依法履职提供法律支撑，规范基层政府社区治理行政行为。

第二，梳理社区常见违法行为所涉职能部门职权，建立基层政府与职能部门联动执法机制。全面梳理社区常见违法行为及对应的查处执法部门，编制违法行为查处职权部门清单，同时根据联动执法实践调研情况，编制基层政府与职能部门联动执法方案及配套文书，为属地政府与职能部门联动执法构建良性机制，实现社区治理合法、高效开展。

四、构建居民依法自治体系

通过全面审查既有居民公约及实地调查研究，诊断社区治理中的法律风险和实操问题，根据实际需求规划设计社区治理规范体系，设计、制作各项具体治理规范及实操程序性文书模板，形成社区规范管理的自治手册。通过自治的方式实现社区的规范治理。

为有效推进创新社区治理项目所涉各项制度落地实施，该项目延伸提供深化落实系列服务。通过社区规范管理手册个性化启动仪式，规范管理手册知识竞赛，丰富多彩的文艺作品展演等项目推广活动；通过结合时政及现实问题的主题设计，组织基层干部主题论坛，以及专项及常态宣传等深化服务，将居民公约植入每个家庭、每个居民，让所有基层群众在学习中参与，在参与中改进，融会贯通，行有准则，最终实现社区治理创新，助力法治政府顺利建成。

五、构建政府治理与居民自治良性互动机制，形成德治、自治、法治相结合的社区治理体系

政府治理与居民自治体系搭建完成后，为深入落实德治、自治、法治相结合的治理措施，应构建居民自治与政府治理相结合的良性互动机制。对于社区治理行为，首先，应在社区发布遵规守约倡导性的公开信，在德治层面加强引导；其次，在自治层面，通过居民公约对违法、违规行为，进行专项治理；最后，在上述治理措施不佳情况下，上升到政府治理的法治层面解决。

【风险提示】

1. 在梳理基层政府及职能部门职权并制作行权手册时，应加强与各部门的沟通，保证手册的实用性。

2. 在指导社区制作社区规范管理手册时应结合各社区的实际情况及特点进行定制化服务，并指导社区履行法定民主程序，确保制度合法有效。

【预期效果】

一、厘清行政机关社区治理的职权边界，确保依法行政

通过梳理现行法律、法规及政策性规定，明晰基层政府与各职能部门在社区治理中的职责边界，构建基层政府与各职能部门查处社区违法行为的联动机制，提高违法行为查处效率，优化治理结构、规则和方式方法，有效落实基层政府对社区的管理、监督和指导，避免行政风险，推动基层政府及各职能部门依法行政，提升社会治理能力和水平。

二、进一步完善社区自治体系，提升社区自治组织治理水平

通过构建自治体系，建立、健全民主选举、民主决策、民主管理、民主监督四个模块的居民规范管理制度，实现社区治理的法治化、规范化。在自治范围内做到明确责任、互相监督、共同遵守，尤其对居委会工作人员违规操作的经济和民事责任作出契约性规定，通过各项治理规范保证基层权利和行为规范化，有效贯彻国家及地方的各项方针政策，让社区自治步入法治轨道。

三、通过有序参与社区管理，规范居民行为，培养居民形成规则意识，在全社区形成良好的文化氛围

通过构建德治、自治、法治相结合的社区治理体系，规范居民在社区中的行为，通过系列活动落实，使纸质制度内化为百姓心中的行为指引，形成强大的文化引导力，培育全社区形成积极向上的文化理念。

四、多途径、多手段、全方位实现社区治理的规范化、体系化、法治化，构建和谐社区

通过建立健全居民规范管理制度的自治方式，在全社区树立典型的德治引导；通过基层政府与职能部门联动查处机制，减少社区违法行为，有效化解社区矛盾纠纷，打造共治共享的和谐社区环境，增强社区居民的幸福感、安全感。

专题二

依法行政管理制度体系建立

重大行政决策风险评估及工作机制建立健全

林琴梅[*]

【服务对象】

政府机关

【需求分析】

一、行政决策的特点决定进行决策风险评估及工作机制建立健全的必要性

简单地说，“行政决策”属行政行为，是行政机关或行政管理者在管理政府内部行政事务或社会公共事务过程中，为达到预定目标，根据一定情况和条件，运用科学的理论和方法，系统地分析主、客观条件，依法运用行政权力对所要解决的问题或处理的事务作出决定的过程。

行政决策具有如下几个特点：其一，效力的权威性；其二，内容的广泛性；其三，涉及利益的整体性；其四，危害显现的滞后性。

---

* 文字整理人：林琴梅，北京市易和律师事务所高级合伙人，中共党员，毕业于中国青年政治学院，担任中国法学会体育法学研究会理事。从业以来始终致力于政府行政法律服务研究，为多家行政机关提供常年法律顾问服务。

针对行政决策的上述特点，在国家提出行政决策科学化的背景下，进行决策风险管理和风险识别，实现重大决策的规范化、法治化，具有重要意义。

二、法治政府建设和依法行政的必然要求

法治政府的衡量标准之一是：行政决策科学、民主、合法。党的十八届四中全会的召开将依法行政提上了新的高度，要求各级政府健全依法决策机制，把公众参与、专家论证、风险评估、合法性审查、集体讨论决定确定为重大行政决策法定程序，建立行政机关内部重大决策合法性审查机制，建立重大决策终身责任追究制度及责任倒查机制。继党的十八届四中全会之后，《法治政府建设实施纲要（2015—2020 年）》的出台也强调了推进行政决策科学化、民主化、法治化，建立行政机关内部重大决策合法性审查机制，落实法律风险评估和加强合法性审查。《重大行政决策程序暂行条例》更是对政府机关作出行政决策提出了更高的要求。

在党和国家新时期的新任务和新要求下，各级政府必须建立完善的决策风险防控机制。完善的决策机制应包含以下几个方面：

1. 决策主体：通过权力清单，明确职能范围和内部分工。

2. 事项范围：清晰划分内部事项和外部事项并进行科学分类。

3. 法定程序：五步法——公众参与、专家论证、风险评估、合法性审查、集体讨论决定。

4. 法律责任：决策责任设定和责任追究制度。

5. 决策流程：内部为部门论证、合法性审查、民主表决；外部为专家咨询、公众参与、专业机构测评。

三、政府决策因忽视风险评估酿成严重后果

政府决策涉及社会生活的各个方面，其质量的优劣直接关系着社会稳

定、经济发展，决策不科学、机制不健全、程序不完善、操作不规范等现实情况影响决策质量的同时，常常引发决策失误，甚至导致严重后果和惨痛代价。

无论是早期中共中央办公厅、国务院办公厅《关于实行党政领导干部问责的暂行规定》，还是中共中央《中国共产党问责条例》，都明确了对党政领导干部决策严重失误，造成重大损失或者恶劣影响的问责。这些责任包括行政责任、内部处分。如果政府领导在重大决策过程中负有个人责任，可能还会涉嫌玩忽职守罪、滥用职权罪、徇私枉法罪、国家机关工作人员签订或履行合同失职罪、环境监管失职罪、非法批准征收征用占用土地罪、非法低价出让国有土地使用权罪、私分国有资产罪等渎职或贪污贿赂犯罪。在“对决策严重失误或者依法应该及时作出决策但久拖不决造成重大损失、恶劣影响的，严格追究行政首长、负有责任的其他领导人员和相关责任人员的党纪政纪和法律责任”新要求和责任机制下，决策机关对重大行政决策的程序和规则之重视程度进一步提升。

【服务程序】

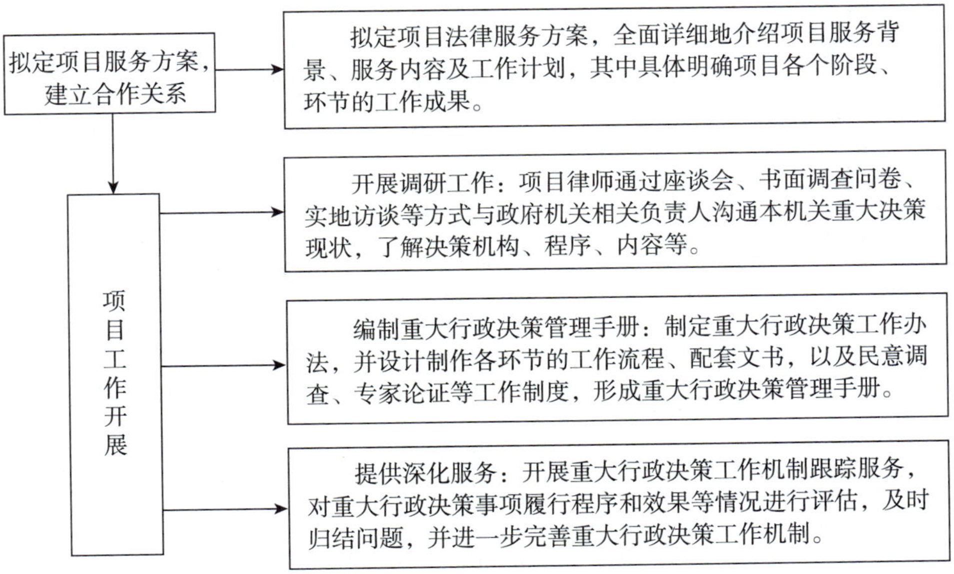

【服务方式】

本项目主要采取以下方式提供法律服务：

1. 主动式服务。主动与政府机关就重大行政决策的履行程序、机构、范围等事项进行沟通交流，为建立健全重大行政决策工作机制提供基础。

2. 跟踪式服务。形成重大行政决策管理手册后，就其落实执行情况进行跟踪服务，对重大行政决策事项履行程序和效果等进行评估，及时归结问题，并进一步完善重大行政决策工作机制。

3. 团队化服务。采用团队工作制，根据政府需求，组建多层级、多专业律师团队提供相应法律服务。合伙人负责项目的统筹安排、参与重大事项的决策、方案论证及谈判；主办律师负责日常沟通及具体法律事务的处理；律师助理协助主办律师完成与政府各部门的日常联系、法律文书处理及传递。遇重大疑难事项，承办律师将组织相关专业律师及专家顾问团进行专题研讨，集体确定处理方案，最大限度地保障依法行政效率和效果，有效降低行政成本。

【服务内容】

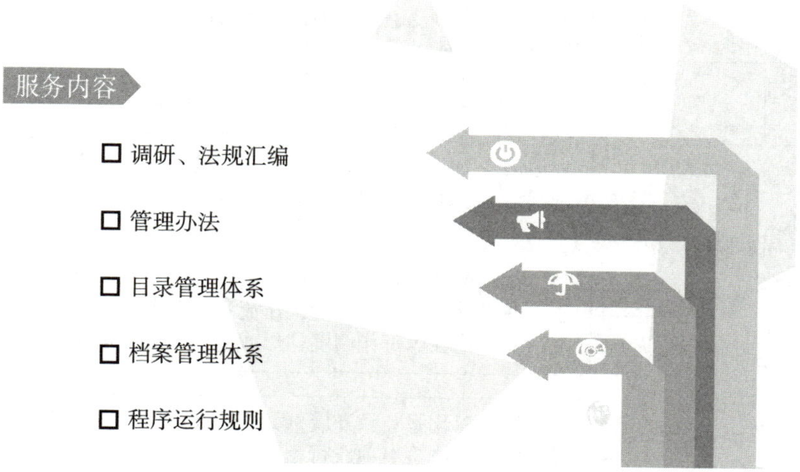

重大决策工作机制项目体系

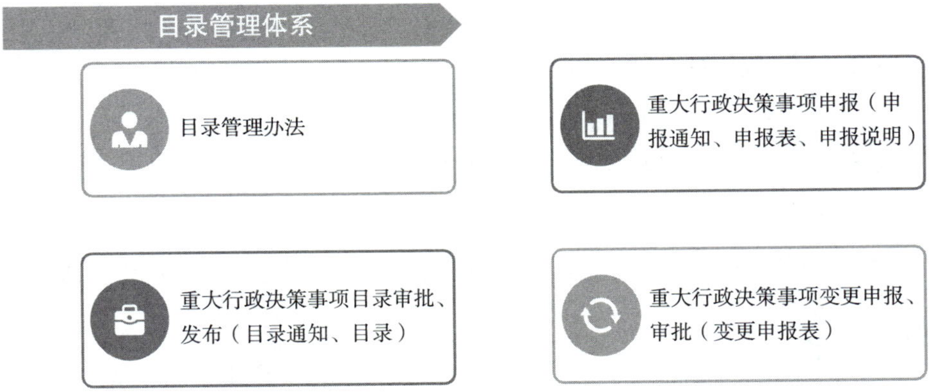

重大决策目录管理体系

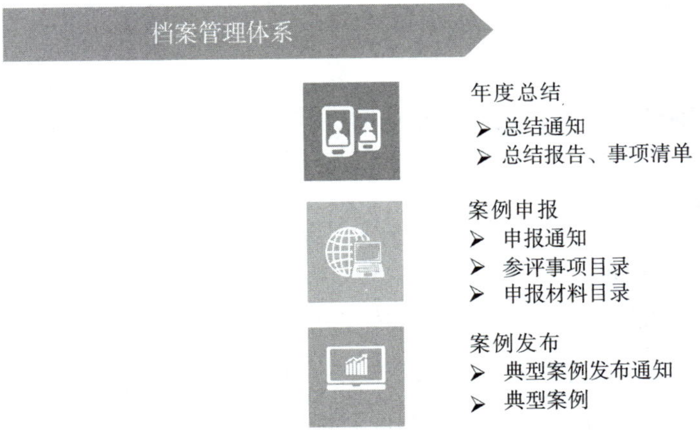

重大决策档案管理体系

一、前期调研

项目前期，律师与项目单位就重大行政决策的机构、程序、范围等工作现状进行调研沟通，为设计制定个性化重大行政决策工作机制提供基础材料。

二、梳理相关法律法规政策

全面梳理国家、地区关于重大行政决策的法律法规和政策规定。

三、制定重大行政决策工作办法，明确决策主体和决策范围

在前期调研和法律法规政策梳理的基础上，针对项目单位特点，制定重大行政决策工作办法，明确决策单位、承办单位、执行单位等决策主体及“三重一大”等决策范围、事项，规定风险预警、决策动议、公众参与、专家论证、风险评估、合法性审查和集体讨论等工作程序及其内容。

四、制作工作流程、配套文书、工作制度

依法依规设计优化重大决策程序具体流程，通过图表等直观方式描绘公众参与、专家论证、风险评估、合法性审查、集体讨论决定重大决策五大程序的具体操作流程，以及各环节具体工作内容和衔接、对接方式，并制作各流程配套文书，以及决策目录管理体系、信息发布与问卷调查、合理性与合法性论证、民主讨论议事等工作制度和规则，从而形成一套完整的重大行政决策管理手册，有效指引政府依法科学民主决策。

五、开展重大行政决策跟踪测评

为确保编制的重大行政决策管理办法发挥实际作用，有效促进政府机关重大行政决策的科学化、民主化、法治化，律师将根据实际需求提供重大决策评估及决策职能落实测评法律服务，形成测评报告。

六、提供重大行政决策后续服务

根据实际需求，参与具体决策项目的法律风险评估，具体策划、实施，提供相应专业的法律服务：参加重大决策、疑难问题的论证、研讨、调查、谈判；进行重大决策、疑难问题尽职调查；梳理相关材料并归结问题和风险点，梳理相关法律法规和政策依据；进行法律风险评估，提出可行性对策或建议；协助设计决策相关程序文书、配套文件；协助制定决策相关问题处理方案；提供后续跟踪法律服务提示和建议，协助进行决策项目实施管理等。

【风险提示】

1. 注意了解不同行政机关的具体法律服务需求，针对项目单位特点设计个性化的重大行政决策工作机制。

2. 要明确重大行政决策工作机制落实情况的监督部门，建立责任追究规则。

【预期效果】

通过深入了解项目单位的重大行政决策现状，归结分析项目单位在重大行政决策中存在的问题。针对其问题与现状，根据现行法律法规和政策对重大行政决策的要求，制定重大行政决策工作办法，并设计制作工作流程、配套文书和工作制度，形成一套完整的重大行政决策管理手册，规范公众参与、专家论证、风险评估、合法性审查、集体讨论决定的决策程序，有效协助项目单位依法科学民主决策，降低决策失误，防范决策风险。

在政府决策过程中，律师分析、预测法律风险，有效转换法律关系，转移风险，同时协助政府建立预警和应急机制，避免恶性事件发生以及行政责任成本增加。指导政府科学决策，在决策中避开私权界限、维护公共利益，有效防治公共权力在决策各环节对私权利及公共利益的侵蚀，保障决策的实际可操作性及实效性。

政府信息公开风险防控及规范化

林琴梅*

【服务对象】

政府及其职能部门

【需求分析】

政府信息公开是行政机关的一项重要工作，随着透明型政府的建设力度不断加大，对行政机关开展政府信息公开工作提出了更多更高的要求，行政机关面临的政府信息公开形势也越来越严峻。

一、全面推进政务公开要求强化政府信息主动公开工作

党的十八届四中全会审议通过的《中共中央关于全面推进依法治国若干重大问题的决定》指出：全面推进政务公开。从转变政务公开观念、建立政务公开制度、突出政务公开重点、创新政务公开方式四方面明确了政务公开

* 文字整理人：林琴梅，北京市易和律师事务所高级合伙人，中共党员，毕业于中国青年政治学院，担任中国法学会体育法学研究会理事。从业以来始终致力于政府行政法律服务研究，为多家行政机关提供常年法律顾问服务。

的原则、内容、重点和方式。其中强调各级政府及其工作部门要依据权力清单，向社会全面公开政府职能、法律依据、实施主体、职责权限、管理流程、监督方式等事项，这也就是政府信息主动公开的重点内容。

2015 年全国“两会”政府工作报告进一步指出，加大政务公开，完善新闻发言人制度，及时回应社会关切；也将政府信息主动公开作为政府重点工作予以高度要求。2017 年 5 月，国务院办公厅《关于印发开展基层政务公开标准化规范化试点工作方案的通知》提出开展政务公开标准化规范化试点工作，并明确 2018 年年底前完成试点地区标准化规范化工作。

二、社会公众权利意识的增强极大提高了政府信息公开申请量

随着普法工作的深入开展，社会公众权利意识日益增强，对政府行政管理透明度和社会公众知情权保护的要求越来越高，各级行政机关收到的政府信息公开申请也越来越多。政府信息依申请公开极有可能引发行政复议和行政诉讼，在行政机关所发生的行政复议和行政诉讼案件中占据较大比例。自《政府信息公开条例》出台以来，信息公开案件数量猛增。对于政府信息公开申请，如处理不当，可能遭致败诉风险，影响依法行政考核。

三、当前政府信息公开工作难点突出

加强政府信息公开，让权力在阳光下运行，成为各级政府当前依法行政工作的重中之重。但是，行政机关在处理政府信息公开工作，尤其是依申请公开过程中仍遇到较多难点问题，比如公开主体确定，政府信息判断，涉及商业秘密或个人隐私信息认定，内部管理信息或过程性信息判定及公开的范围和程度、合理答复等，给行政机关带来诸多困惑，亟须加强政府信息公开工作规范化、制度化建设，指导依法开展政府信息公开工作。

【服务程序】

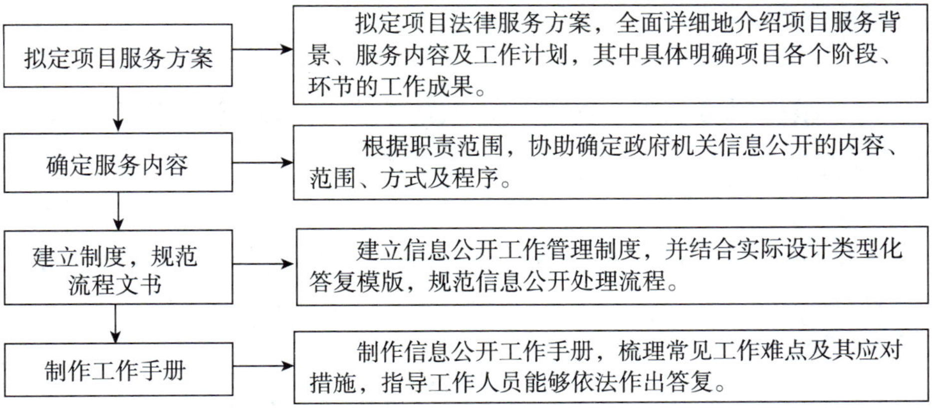

【服务方式】

政府信息公开风险防控及规范化项目主要采取以下方式提供法律服务：

1. 归纳梳理现行法律法规。依据现行有效的法律法规，结合行政机关具体情况，全面梳理依法应主动公开的政府信息内容、范围、方式及程序。

2. 实地调研。律师团队主动深入行政机关进行实地调研，与相关工作人员沟通交流，全面梳理常见政府信息公开风险类型，熟悉行政机关内部职能分工。

3. 实时沟通。通过电话、邮箱、网站、微信（群）等多种方式，及时与行政机关负责人沟通、联系，及时调整工作方案，确保方案可操作性。

4. 团队式服务。结合实际情况，本律师事务所组成政府信息公开规范化项目组，对复杂、疑难法律问题及时进行集体“研讨会诊”。

【服务内容】

根据政府职责范围，确定公开内容、范围、方式及程序，提示常见法律风险，协助规范政府机关信息公开处理流程及设计类型化答复模板，提高政府信息公开的规范性，有效防控处理政府信息公开申请引发的涉诉涉访等法律风险。服务内容主要有如下几方面。

一、根据职责范围，协助确定政府机关信息公开的内容、范围、方式及程序

通过归纳梳理法律法规，根据现行法律法规规定，结合行政机关职责范围，协助确定政府机关信息公开的内容、范围、方式及程序。

二、规范信息公开处理流程及设计类型化答复模板

通过实地调研、实时沟通，收集近几年该行政机关政府信息公开申请处理及涉诉的相关档案材料，结合律师实务经验，全面梳理常见政府信息公开风险类型，提出对应参考处理意见，并结合行政机关内部职能分工，设计具有可行性、前瞻性、个性化的政府信息公开处理流程及类型化答复模板，实现政府信息公开处理规范化，有效防控相关法律风险。

三、依法建立健全信息公开保密审查机制，明确程序和责任

依据《保守国家秘密法》及其他法律、法规和国家相关规定的保密审查要求，行政机关对于拟公开的信息均应进行保密审查，确保发布的信息不涉及国家秘密、商业秘密、个人隐私和敏感内容，律师团队将依据相关规定，结合行政机关工作实际，明确审查的程序和责任，指导行政机关依法履行保密审查审批手续。

四、制作信息公开工作手册，指导工作人员依法规范开展信息公开工作

制作政府信息公开工作手册，为行政机关工作人员提供工作指引，明确工作步骤，释明基本概念，作出风险提示，提供相应案例，确定答复思路，使工作程序能够规范化、体系化，并以最大限度地降低答复的法律风险。

五、提供信息公开实务培训，提升工作人员意识和技能

通过实际案例，归结政府信息公开工作中的常见问题，并提出应对措施，有效提升行政机关工作人员开展信息公开工作的技能和风险防范意识。

政府信息公开工作规范化管理项目

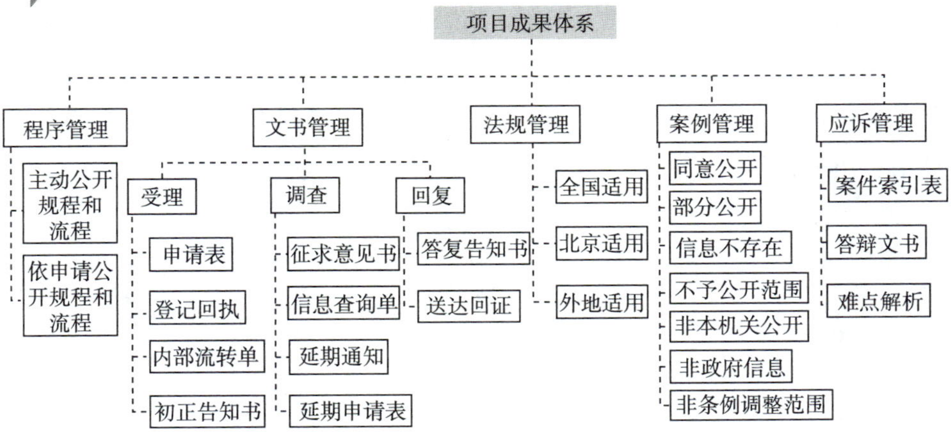

政府信息公开工作规范化管理项目成果体系

【风险提示】

1. 政府信息公开申请的激增，带来了纷繁复杂的问题，需要提供法律服务的律师必须具备丰富的法律知识、实践经验和专业技能，避免不专业的

法律服务损害律师形象。

2. 随着政府信息公开范围的不断拓宽，落实保密审查制度带了困难。政府在信息公开工作中应注意降低泄密风险，避免造成无法挽回的损失。

3. 政府信息公开申请数量激增，行政机关内部机构应对信息公开进行初步答复，律师应对回复的合法性进行审查，避免律师直接代替政府处理工作，工作人员产生懈怠。

4. 政府信息公开工作应审慎开展，避免引发行政复议、行政诉讼，带来行政问责风险。

5. 应注意政府信息公开工作与社会稳定的密切关联性，依法积极开展政府信息公开工作，避免影响社会和谐稳定。

【预期效果】

推进决策、执行、管理、服务、结果公开是党的十八届四中全会部署的重要改革任务，实现政府信息公开风险防控及规范化，是推进“五公开”工作的具体举措，有利于深化基层政务公开，提高行政效能，加快建设法治政府、服务型政府，切实保障群众合法权益，维护政府公信力。

政府投资项目廉政风险防控法律服务

闫丽彬*

【服务对象】

政府及其职能部门

【需求分析】

在政府投资项目实施过程中，可能存在以下问题和困境：第一，利用职务影响和工作便利牟取私利的现象时有发生，造成了国有资产流失；第二，监督力度有限，监督职责、监督内容、监督方式、监督责任等不够明确，导致廉政问题频发；第三，廉政建设制度落实不够扎实，在廉政建设方面，存在片面强调社会大环境的客观影响，而未认真查找自身及单位不足的问题。

---

* 文字整理人：闫丽彬，中共党员，吉林大学法学博士，北京市易和律师事务所高级合伙人、管委会主任，担任多家研究性社会团体常务理事、理事等职，曾获北京市律师行业优秀共产党员，北京市优秀律师等荣誉。

【服务程序】

论证项目实施的可行性并制定实施方案 → 论证项目实施可行性，制定风险防控方案、制度，以及提供全程跟踪法律服务，对项目全过程进行廉政法律风险控制。

↓

建立健全廉政风险防控工作机制和规则 → 建立廉政承诺及公示制度、建立主管部门工作人员回避制度、加强廉政教育培训、建立廉政风险排查机制、健全廉政监督机制。

【服务方式】

廉政风险防控项目主要采取以下方式提供法律服务：

1. 实地调研。主动深入相关行政机关实地了解情况，在充分了解现存问题的基础上，制定符合实际的设计方案。

2. 实时沟通。通过电话、邮箱、网站、微信（群）等多种方式，及时与相关行政机关负责人沟通、联系，及时调整设计方案。

3. 团队式服务。结合实际情况，组成廉政风险防控项目组，对复杂、疑难法律问题及时进行集体“研讨会诊”。

【服务内容】

为解决政府投资项目中的廉政问题，律师提出风险防控方案，进行全程跟踪、规范化推进，建立健全廉政风险防控工作机制和规则，帮助政府机关解决廉政防范风险和控制问题。

一、建立廉政承诺及公示制度

政府投资项目中存在不具备资质、借用资质的施工单位和个人，采取不正当竞争手段，借助关系在工程施工、材料采购等各环节参与工程建设的情况，造成工程施工质量及安全隐患问题。为防范此类问题发生，建立逐级签署《廉政承诺书》并在纪检监察部门登记备案、对外公示的制度。

二、建立主管部门工作人员回避制度

为保障项目操作的公开、公平、公正，协助项目建设单位建立并完善工作回避制度。

三、加强廉政教育培训

工程启动前与工程进行中，不定期聘请有经验的法官、检察官及律师，以“工程质量责任、安全责任、职务犯罪”为主题，组织多层次、形式多样的廉政培训及宣传，使廉政风险警钟长鸣，廉政观念深入人心。

四、建立廉政风险排查机制

编制项目廉政风险防控流程图，列举主要风险点，制定相应防控措施，明确主体及分工。

五、健全廉政监督机制

设计、制作廉政监督机制，由纪检监察组织牵头，组织相关部门对项目重点环节进行监督检查，针对发现的问题，督促相关部门认真整改。

【风险提示】

1. 论证调研阶段，客户需全面披露项目实际情况，保障廉政风险防控方案具有可操作性。

2. 廉政风险防范重在方案的有效落实及相关工作人员的自觉遵守。监督检查过程中若发现廉政问题，相关人员可能被追究相应责任。

【预期效果】

通过一系列廉政风险防控制度与措施，保障政府机关工作人员廉洁性，将廉政风险降至最低。

政府编制外用工风险防范及制度建设

张凤婷*

【服务对象】

政府机关及其职能部门

【需求分析】

随着城镇化进程的加快以及政府职能的转变，各级政府的工作内容及工作量显著增多，相应地，工作岗位亦明显增加，原有编制内人员已不能满足和适应政府发展的需要，增加新的工作人员和新的工作岗位成为推动城镇化进程和政府职能转变的必然要求。但由于政府受到财政限制和编制控制等因素影响，政府的增编要求很难得到充分满足，编制外用工已成为解决政府用人需求与编制管理之间矛盾的重要方式。对于编制外用工存在何种法律风险，如何建立一套完备、健全的规章制度，如何对编制外的员工进行规范管理，从而构建和谐劳动关系，亦成为政府亟待解决的问题。

---

* 文字整理人：张凤婷，北京市易和律师事务所党支部宣传委员、高级合伙人。毕业于中国政法大学诉讼法学院，法学硕士，现任北京市律师协会劳动与社会保障法律专业委员会委员。在劳动法学理论、社会保险和住房公积金的缴存、企业日常用工管理文件的制作、劳动疑难案件处理等方面有着深入的研究和丰富的实务经验。

【服务程序】

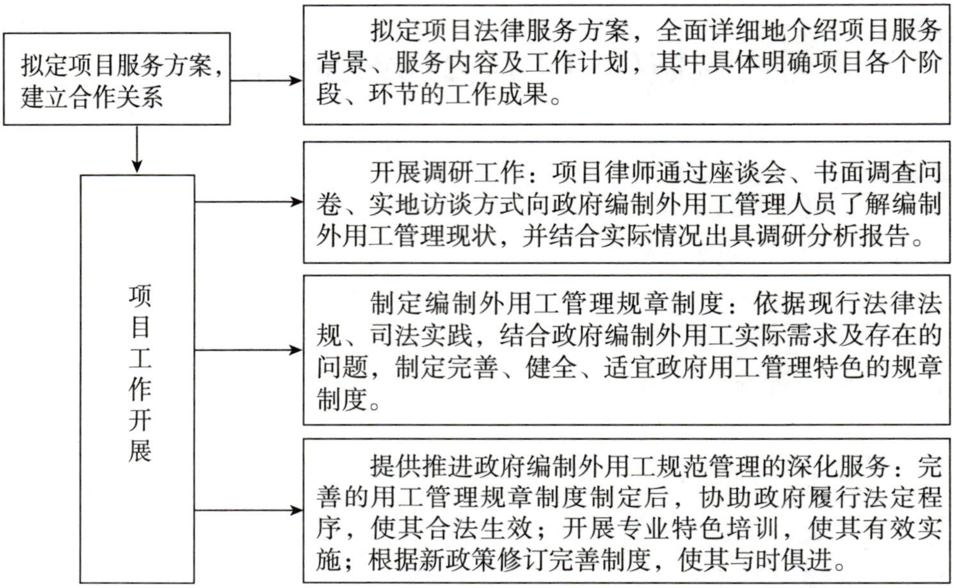

【服务方式】

政府编制外用工风险防范及制度建设项目主要采取以下方式提供法律服务：

1. 主动式服务。根据政府需求，采取主动到基层政府驻地、电话会议等方式，及时、便捷地为政府编制外用工管理提供法律服务。

2. 座谈研讨。就政府编制外用工管理中存在的各种问题，以及编制外人员管理制度的制定多次举办座谈会和讨论会，从法律风险防范及用工管理实际需求角度，分析其中存在的问题，完善规章制度。

3. 特色培训。面对不同的管理层级和工作需求，开展适用于不同人员的特色培训。例如，面向管理人员，不断增强其依法管理的能力，从而更加符合政府的管理方针和策略；面向人力管理人员，使其及时、准确掌握相关的政策法规及日常用工管理的方式方法和技巧，提高用工风险管理水平；面向编制外人员，培养其团结协作、务实简洁、创新求索的核心价值观，达到从源头上化解潜在矛盾、建立和谐劳动关系的目的。

4. 非诉与诉讼结合的法律分析及风险防范建议。依据司法实践动态，结合律师劳动争议案件诉讼经验，就编制外人员管理制度的建立以及日常用工管理，从激励员工、防范风险、构建和谐劳动关系等角度，为政府提供便于实施、降低风险的实操建议。

【服务内容】

一、编制外人员用工方式分析

结合政府编制外人员用工需求，依据不同的工作岗位及工作内容，对编制外人员用工形式进行法律分析，从而确定各工作岗位相对最佳的用工形式。

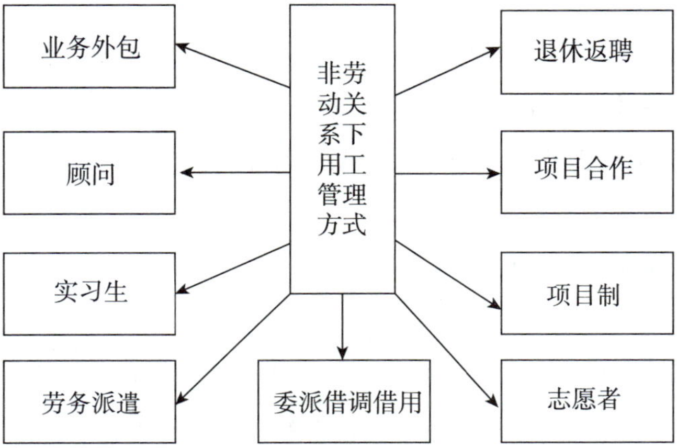

编制外人员用工方式

二、法律风险诊断

结合前期调查了解的政府编制外人员基础管理现状、存在问题，以及现存规章制度中存在的风险和问题，根据现行法律法规及律师多年积累的实践经验，为政府出具编制外人员管理及规章制度法律风险诊断报告，以使政府了解潜在的编制外用工法律风险。

三、制定编制外用工全套管理制度

在全面审查政府编制外用工现有制度的基础上，从形式与适用两个维度对编制外用工管理制度进行体系化、规范化的制定与完善。形式上包括用工协议和用工制度，适用上包括适用于管理人员的指导规则和适用于编制外人员的管理制度。一套完备、健全的规章制度，不仅能够规范编制外人员的管理，防范日常用工法律风险，同时也能够激发编制外人员的工作积极性，构建和谐劳动关系。

四、设计定制配套程序文件并指导履行民主程序

依法制定并履行法定程序的规章制度方可生效，作为管理编制外人员的依据。律师将根据政府的实际情况，设计适宜的民主和公示程序履行方案及所需全部配套法律文件，并指导、协助政府履行法定程序。

五、开展专业培训

为了使编制外全套管理制度更好地得到贯彻和实施，律师将为政府提供专业培训，使员工了解并遵守各项规章制度，从而达到有效规范管理的目的。

六、管理制度更新服务

编制外人员管理制度依法制定实施后，若国家或地方政府颁布新的法律法规，律师将跟进对编制外人员的规章制度进行修订和完善，使其符合新法律法规的规定。

七、日常用工法律指导

就政府对编制外人员日常管理过程中涉及的各种问题提供法律咨询服务，并协助政府进行处理；指导管理人员正确、妥善地处理与编制外人员关系，确保编制外日常用工管理遵循法律法规规定；为政府提供编制外人员管理过程中所需的各类法律文件。

【风险提示】

1. 政府编制外人员管理规章制度并非仅单方约束编制外人员，同时政府亦应遵循规章制度的要求，依据规章制度的规定对编制外人员进行管理。

2. 政府对编制外人员进行管理的过程中，要留存管理痕迹，包括送达各类法律文件、进行工作安排等。

3. 政府如果未依法依规对编制外人员进行管理，存在承担经济责任的法律风险，例如，与不符合解除条件的编制外人员单方解除劳动合同，存在被认定为违法解除并须向编制外人员支付赔偿金的法律风险。

4. 若因政府工作人员失职导致未依法合规对编制外人员进行管理，存在政府工作人员被追究责任的法律风险。

5. 政府因未规范管理导致与编制外人员发生劳动争议的，法院的判决结果将在网上公布，从而对政府的声誉产生不良影响。

【预期效果】

一、规范编制外人员日常管理，防范用工法律风险

编制外人员较在编人员具有一定的不稳定性，规范编制外人员，使其管理依据、管理方式、管理要求等均统一化、标准化，从而有效防范用工管理

过程中的法律风险。

二、建立完善、健全的管理体系，实现编制外用工管理的合法、高效

一套完备的管理体系是对编制外人员进行有效管理的基础，不但让政府对编制外人员的管理有章可循，防止管理的任意性，也能更好地统一编制外人员的行为规范，维护政府的形象。

三、保障编制外人员管理制度的有效实施，从而达到管理有依、处理有据

依法制定的规章制度方可作为政府对编制外人员进行管理的依据，亦方能成为劳动人事争议仲裁委员会仲裁和人民法院判案的依据。

四、正面引导、激励编制外人员，使其爱岗敬业、勤勉尽职、忠诚守信

通过开展“我与单位共成长”“如何成为优秀员工”“如何获得领导的赏识”等主题培训，正面引导、激励编制外人员，使其爱岗敬业、勤勉尽职、忠诚守信。

五、合法、合理、合情地对编制外人员进行管理，构建和谐劳动关系

通过编制外人员管理制度的规范、合理制定，以及对其有效落地实施，既能依法合规、合情合理对编制外人员进行管理，又能维护编制外人员的合法权益，从而构建和谐、稳定的劳动关系。

突发性事件应急管理及处理规范化法律服务

闫丽彬*

【服务对象】

政府及其职能部门

【需求分析】

根据党的十九大目标要求，各级政府应提高公共突发事件防范处置能力，建立突发事件应对机制，构建突发事件应对体系。对突发事件的管理能力、管理状态和管理效果是政府行政能力的重要方面，有效、优质的管理能够最大限度防范行政风险。突发事件的及时反应和调查处理是有效控制和降低事件不良影响及妥善处置的基本路径，也是政府及相关单位的法定职责。律师团队作为专业的中立第三方参与政府突发事件管理的规范化建设，协助政府开展具体突发事件应急处理工作，具有重要意义，实践证明发挥了积极作用。

---

* 文字整理人：闫丽彬，中共党员，吉林大学法学博士，北京市易和律师事务所高级合伙人、管委会主任，担任多家研究性社会团体常务理事、理事等职，曾获北京市律师行业优秀共产党员，北京市优秀律师等荣誉。

【服务程序】

一、政府及其职能部门应急管理规范体系设计建构

- **调研诊断** → 对客户现有突发事件应急管理现状及制度体系进行调查、研究、评估，提出意见和建议。
- ↓
- **设计、建构制度机制体系** → 在诊断评估的基础上，设计和建构突发事件应急管理制度体系，完善工作机制和规则。
- ↓
- **流程及配套文书表格制作** → 根据确定的制度机制体系和工作规则，设计制作应急事件管理的全部工作流程图表、配套文书。
- ↓
- **管理规范和处理实操手册** → 分类整理制度规则、配套流程文书，法规依据梳理提炼，最终形成实操性强的管理工作指南和实操手册。
- ↓
- **管理和应对培训** → 结合规范的制度规则体系落实，进行多层级的突发事件应急管理和个案应对培训，通过思维理念、心理素质、应对技巧、专业法律知识、专项能力提升系统培训，切实增强客户及其工作人员突发事件应对能力及法治思维，规范管理和应对工作。

二、个案应急处理（以调查报告制作为例）

- **前期调研** → 参加事件前期调查协调会议、座谈等，现场发表法律意见和建议。
- ↓
- **梳理法律法规、职责** → 对事件涉及的法律、法规、规范性文件进行全面梳理，归纳梳理事件各相关主体法定职责等相关信息，明确调查方向。
- ↓
- **指导相关主体进行调查** → 根据事件现有调查信息，明确进一步调查核实工作内容，具体化各相关主体调查工作及提交材料内容，在相关主体开展调查核实工作过程中给予必要的指导。
- ↓

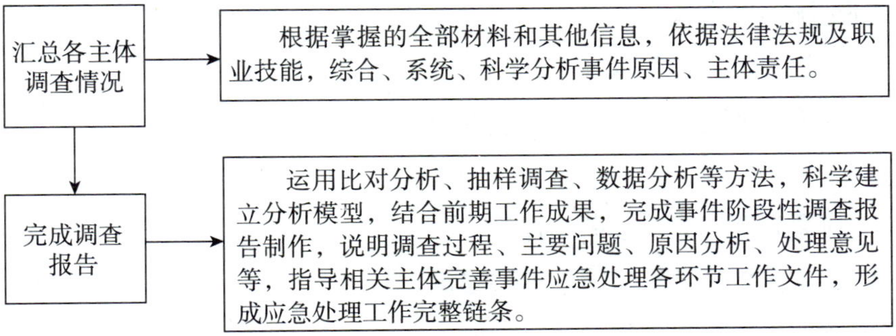

【服务方式】

突发性事件应急管理及处理规范化法律服务项目主要采取以下方式提供法律服务：

1. 团队化分工工作模式。采用团队工作制，根据政府需求，组建多层级、多专业律师团队提供相应法律服务。合伙人负责顾问工作的统筹安排，参与重大事项的决策、方案论证及谈判；主办律师负责日常沟通及具体法律事务的处理；律师助理协助主办律师完成基础材料搜集、日常联系、法律文书处理及传递。

遇重大疑难事项，承办律师将组织相关专业律师及专家顾问团进行专题研讨，集体确定处理方案。

2. 主动式服务。律师将根据服务事项通过到事件现场、会议、电话、邮箱、网站、微信（群）等多种方式，及时提供法律咨询，并根据不同事项分别出具法律意见。律师团需要项目单位提供相关材料、进行相关调研的，项目单位具体工作人员应予以配合。

3. 提供现场法律服务。根据工作需求，委派律师参与现场法律服务工作，加强与事件相关各方的交流，并就疑难问题提供法律咨询与调解工作，促进事件解决。

【服务内容】

一、应急管理与应对规范化内容

1. 应急管理调查、诊断和评估；
2. 突发事件应急组织建构方案建议；
3. 突发事件应急管理制度机制体系设计；
4. 突发事件信息公开管理及舆情控制；
5. 突发事件应急管理指南（应急管理规范化）；
6. 突发事件应急处理操作手册（个案/分类）；
7. 突发性事件应急管理和处理能力培训。

二、个案应急处理内容

1. 应急响应指导及时间风险评估；
2. 现场处置协助；
3. 事实调查协助和事件分析；
4. 参加论证研判，提出法律意见和建议；
5. 法律关系及责任分析；
6. 调查报告、结案报告、事件工作总结等报告制作；
7. 舆情监控协助和导向报告；
8. 事件后处置、应对能力等总结和评估及后续防控设计。

【风险提示】

1. 双方应签订服务协议，明确权利义务。

2. 突发事件应急管理或处理过程中发生的技术性要件需事先明确并做专门技术分析。

【预期效果】

1. 通过引入第三方力量依法、全面、科学开展突发事件应急管理或处理的规范化建设，推动法治政府应急能力现代化，健全突发事件应急处理及其后评估体系，完善应对责任制，防范和降低事件发生，提升突发事件应对和处理能力，化解突发事件社会矛盾影响。

2. 律师参与个案突发事件全程处理，发挥专业第三方优势，保障依法行政、平稳有效处置事件、化解矛盾，维护社会稳定，提高工作效率，提升工作效果。

政府采购和招投标规范化

曹宗铉*

【服务对象】

各级国家机关、事业单位和团体组织

【需求分析】

政府采购和招投标活动主要通过签署合同方式体现落实。《政府采购法》第二条中明确，该法所称采购，是指以合同方式有偿取得货物、工程和服务的行为，包括购买、租赁、委托、雇用等。第四条规定，政府采购工程进行招标投标的，适用《招标投标法》。《招标投标法》第四十八条规定，中标人应当按照合同约定履行义务，完成中标项目。

政府采购合同与一般民商事合同共属合同范畴，存在共通性。合同作为本质上体现商品交易要求的法权形式，作为体现市民社会及民法本质的社会存在和法律制度，最初规范的是平等主体之间的民商事法律行为，随着社会发展，合同的概念被引入行政管理领域，逐渐产生类型化的政府采购合同。

---

* 文字整理人：曹宗铉，政府法律服务部主办律师，毕业于西南政法大学、北京师范大学，诉讼法学专业硕士学位，业务领域主要为政府、商事法律业务。擅长包括政府信息公开、涉法信访、违法建设查处、政府采购的处理，以及包括建设工程纠纷等各类诉讼案件的代理等。服务客户包括国家部委、基层住建等机关或部门，政府下属事业单位、国有企业等。

政府采购合同作为合同的一种，在谈判、签约、履约等各阶段，面临着与一般民商事合同相同的风险，如合同效力的判定、标的物的转移、因合同目的不能实现而发生的解约和违约责任追究问题等。除此类常规风险外，政府采购合同还存在一些特殊问题。

政府采购合同需满足特殊性、强制性的规定。比如针对集中采购目录中的项目，须委托集中采购机构代理采购；又如存在以不合理的条件对供应商实行差别待遇或者歧视待遇、未依法发布政府采购项目信息、未按照采购文件确定的事项签订政府采购合同、政府采购合同履行中追加与合同标的相同的货物、工程或者服务的采购金额超过原合同采购金额10%等行为，相关责任人应承担法律责任等。

政府采购活动需履行特殊的法定程序。自部门预算的编制、需求发布、专家评审、成交结果公告、质疑与投诉、履约验收直至档案保存、监督检查，存在时限、标准等方面的细化规定需要遵守。

【服务程序】

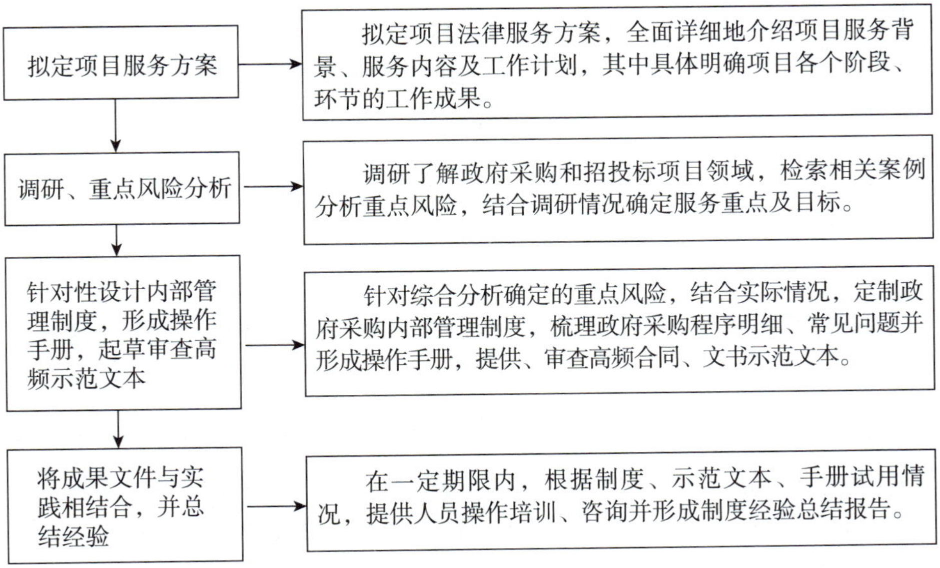

【服务方式】

1. 归纳梳理现行法律法规政策。全面梳理政府采购与招投标领域的法律法规和政策规定。

2. 实地调研。律师团队主动深入项目单位进行实地调研，与相关工作人员沟通交流，了解项目单位政府采购和招投标项目基本情况和管理现状，了解采购程序履行情况、合同签署基本情况。

3. 检索相关案例。针对上一年度政府采购和招投标项目涉及具体领域，检索公开案例，形成高发风险汇总提示单。

4. 实时沟通，全过程跟踪服务。通过电话、邮箱、网站、微信（群）等多种方式，及时与项目单位负责人员沟通、联系，及时报告、调整工作方案，更新服务成果并听取意见。根据项目推进情况，开展相应辅助性的法律服务工作，参加项目相关疑难问题的论证、研讨、调查，制作项目汇报 PPT 和书面汇报文件。

5. 现场培训。在试行服务成果的一定期限内，律师团队将适时对各项项目成果的使用和注意事项，面向项目单位工作人员开展培训，以增强项目效能。

6. 团队式服务。结合实际情况，本律师事务所组成项目组，对复杂、疑难法律问题及时进行集体“研讨会诊”。

【服务内容】

一、全面查询梳理政府采购和招投标相关法律法规政策规定

就政府采购和招投标领域适用的规定，包括集中采购与分散采购的不同流程、差别待遇或者歧视待遇的认定、政府采购项目的必要程序和注意事项、政府采购合同履行中的特殊问题、政府采购与招投标交叉领域的法律适用问题、相关责任主体应承担的法律责任等进行全面梳理，形成法律服务基

础材料。

二、调研了解项目单位政府采购和招投标规范化建设现状，结合案例分析可能存在的风险并提出优化建议

在全面梳理政府采购和招投标相关法律法规政策规定的基础上，通过座谈会、问卷调查、书面评查等方式，了解项目单位的政府采购和招投标规范化现状，结合不同领域经典案例，分析现存问题、重点风险并提出优化建议。

三、政府采购和招投标内部管理制度和操作手册制定

根据前期规定案例梳理和调研分析结果，结合项目单位实际情况，为有效规范项目单位政府采购和招投标活动，可设计制作政府采购和招投标内部管理制度，明确各科室/处室/岗位职责、办事流程、审批权限、责任承担等内容，同时针对政府采购和招投标的各项程序要求和常见问题，编制操作手册，提供给项目单位作为工作参考和指引。

四、审查、草拟政府采购和招投标项目常用示范文本

根据前期定案例梳理和调研分析结果，结合项目单位实际情况，为有效提高项目单位政府采购和招投标风险防范水平，可审查、草拟常用政府采购和招投标合同示范文本。

五、服务成果使用培训

根据前期项目服务成果，可面向项目单位全体人员开展专项培训工作，讲解落实内部管理制度，通过具体案例提高各岗位人员风险意识，指导使用

操作手册以及合同示范文本。

六、项目深化服务

基于项目服务情况，可形成书面总结报告，提供给项目单位用于汇报、总结等工作，促使进一步推广此类项目，带动依法行政水平不断提高。

【风险提示】

1. 不同单位的政府采购和招投标规范化程度不同，一些潜在问题在项目单位提供的事实材料中难以发现。需查找不同领域经典案例结合实务经验分析重点风险。

2. 操作手册和示范合同文本容易在各地更新相关规定后，存在缺漏、与现行规定冲突的情况。需关注规定颁布情况，适时检查更新。

【预期效果】

协助项目单位进一步加强政府采购和招投标活动的规范程度，减少相关审计、行政以及刑事风险；提高财政资金利用效率；带动助企纾困政策落实；为项目单位管理提供基础支持。

专题三

立法规范化

立法相关法律服务

郭青霖*

【服务对象】

政府机关

【需求分析】

《立法法》《规章制定程序条例》规定了法律、法规、规章的制定规范，国务院办公厅《关于加强行政规范性文件制定和监督管理工作的通知》等文件规定了行政规范性文件的制定规范，但实践中各草案具体由谁起草存在不同模式。政府机关具有制发规章、行政规范性文件的职能，同时有承担部分法律、法规草案研究拟订的任务。目前政府机关的专职人员中，具有法学理论和法律职业背景的并不多，自己组织力量起草，难以应对一些专业性较强的立法项目；委托政府职能部门起草，容易受部门利益保护主义的影响，限于本部门职权范围而忽略公平竞争的理念和公民、企业等利益相关人的权益，容易造成部门利益法治化；委托专家、学者起草，又易导致理想化模式

---

* 文字整理人：郭青霖，政府法律服务部主办律师，工学硕士。主要业务领域为政府日常法律服务、行政争议解决，包括长期为政府客户提供协助处理相关举报、投诉案件，出具政府信息公开案件法律意见，审查、起草规范性文件等非诉工作，以及完成行政复议、行政诉讼、行政强制执行案件以及纠纷调解等工作，专业知识扎实，具备深厚的理论功底。

而缺乏可操作性；委托律师起草，由于律师职业的独立性和实务性，律师具有专业、实干、中立等明显优势，律师参与立法有助于提高立法质量、推进立法的专业化进程。

【服务程序】

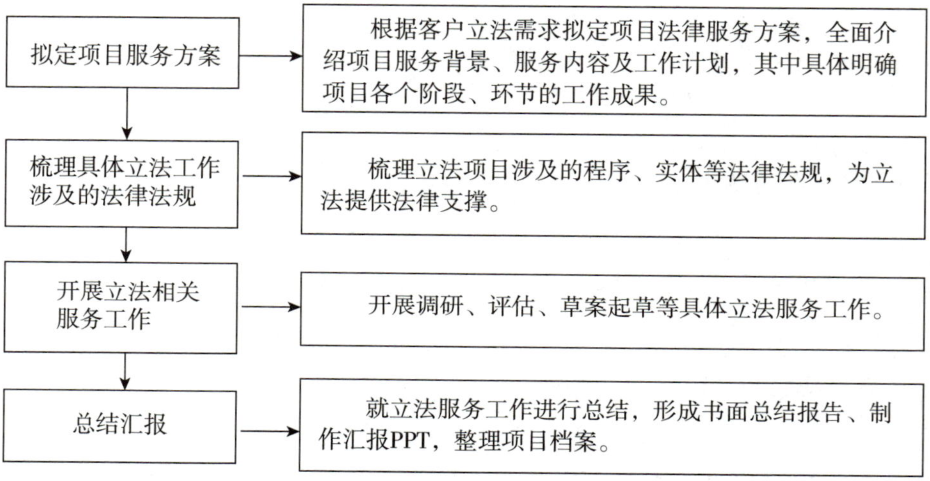

【服务方式】

1. 查询梳理相关法律法规。全面查询梳理具体立法项目涉及的程序、实体等法律法规，避免违背上位法、与其他相关法律法规冲突。

2. 实地调研。律师团队主动深入对立法项目涉及的对象进行调研，与相关工作人员沟通交流，梳理立法项目相关的问题、障碍以及需求。

3. 实时沟通。通过电话、邮箱、网站、微信（群）等多种方式，及时与项目单位负责人员沟通、联系，及时调整工作方案，确保方案可操作性。

4. 团队式服务。结合实际情况，组成律师服务项目组，对复杂、疑难法律问题及时进行集体“研讨会诊”。

【服务内容】

律师提供的立法法律服务主要包括以下类型和内容。

一、草案起草

受托经调研、论证起草法律、法规、规章和行政规范性文件草案，并制作草案起草说明。

二、立法评估

1. 受托进行立法前评估。对立法项目进行风险评估，运用科学、系统、规范的评估方法，从经济、社会、法律等方面对立法项目进行综合评价和估量，在必要时对可能涉及的法律风险及社会矛盾进行合理预判，并有针对性地提出应对措施，形成风险评估和矛盾预警报告。

2. 受托进行立法后评估。依据一定的标准和程序，运用科学、系统、规范的评估方法，对立法的执行效果作出综合评定，包括客观情况是否发生重大变化、上位依据是否变更、是否达到预期效果、实施满意度如何等，并由决策单位决定立法的延续、调整或终结。

三、立项前论证

受托参与立法项目立项前的调研、论证，撰写调研报告和论证报告，参加每年度立法机关和政府的立法计划论证会，发表论证意见。经论证，调研项目条件成熟可以转为审议项目；对经过论证不适合立法的项目取消，可考虑制定规范性文件。

四、立法合法性审查

受托对立法草案进行合法性审查，重点审查立法权限、立法程序、草案内容是否违反法律法规、是否违法设定权力、是否限制相对人权利、是否违反公平竞争原则等方面。

五、规范性文件清理

律师可接受各级立法机关、各级政府及政府职能部门委托，定期对现行实施的法律、法规、规章、规范性文件进行全面系统的收集、分析、分类和梳理，根据规定更新、机构改革、职权调整、实施效果等情况，从而提出保留、修改和废止的意见。

六、立法成果宣讲培训

受托在法律、法规、规章、规范性文件颁布生效后进行广泛、系统的宣讲培训，区分不同对象讲明不同重点，促进各方面对立法的理解，提高立法实施效能。

七、协助履行立法程序

协助指导项目单位履行公众参与、专家论证、合法性审查、集体讨论等立法程序，最终依法颁布实施。

【风险提示】

1. 注意全面核查相关法律法规，避免立法违法。

2. 采取确定适合立法项目的调研方式及调研对象，有针对性地设置调研提纲和问题。

【预期效果】

通过律师参与立法，增强立法的专业性、可操作性，提高立法效率和质量。

行政规范性文件制发审核法律服务

郭佳琪*

【服务对象】

各级行政机关、司法行政部门、经法律法规授权的具有管理公共事务职能的组织

【需求分析】

2018 年 12 月 4 日，国务院办公厅出台了《关于全面推行行政规范性文件合法性审核机制的指导意见》规定，凡涉及公民、法人和其他组织权利义务的规范性文件，均要纳入合法性审核范围，确保实现全覆盖，做到应审必审。

行政规范性文件是指除国务院的行政法规、决定、命令以及部门规章和地方政府规章外，由行政机关或者经法律、法规授权的具有管理公共事务职能的组织（以下统称行政机关）依照法定权限、程序制定并公开发布，涉及公民、法人和其他组织权利义务，具有普遍约束力，在一定期限内反复适用的公文。

---

* 文字整理人：郭佳琪，北京市易和律师事务所合伙人，中共党员，北方工业大学法理学硕士。主要执业领域为政府法律顾问业务。擅长业务领域包括行政立法、规范性文件合法性审查、行政执法规范化、信息公开、涉法信访、业主大会及业委会活动、行政复议及行政诉讼案件代理等。服务客户包括国家部委、市区县政府法制机构、卫健、街乡镇政府等。

据北大法宝公布的不完全数据统计，2022 年七八月，我国共公布各类型规范性文件 8.1 万余篇。在发文数量庞大、规定要求应审必审、审核工作专业性较强的情况下，如何保障依法合规、保量高效制发行政规范性文件是各级发文主体需思考和解决的问题。

2020 年 10 月，司法部、财政部出台的《关于建立健全政府购买法律服务机制的意见》规定，可以采取政府采购律师“专项法律服务”的模式，对某一件或多件规范性文件审查，提供单项的、专项的、专业的法律服务。前述规定进一步拓宽了律师参与行政规范性文件制发审核工作的蓝海。

强化程序约束

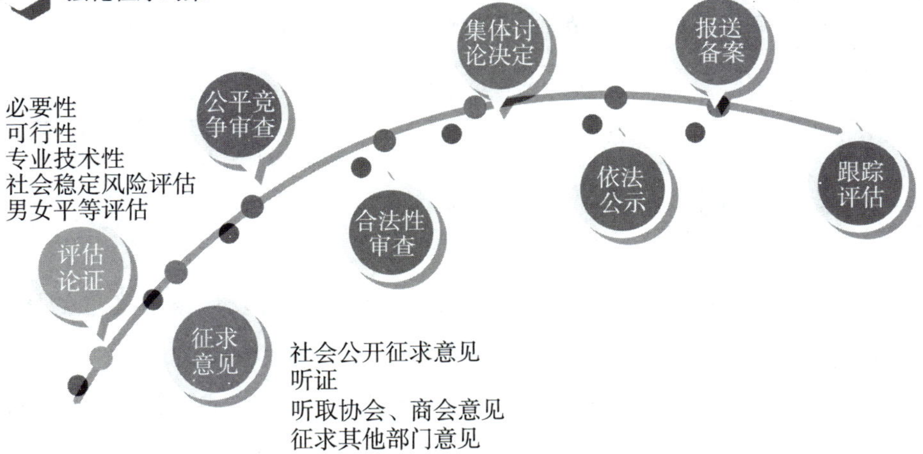

行政规范性文件制发程序

权限边界约束

主体约束

区政府及其工作部门、各镇政府(街道办事处)或者经法律、法规授权的具有管理公共事务职能的组织（以下统称制定机关）

内容约束

违法增加本单位权力事项或减少职责
违法设定行政许可、强制、处罚等事项
不得减损公民、法人、其他组织等合法权益
干涉市场或自治主体、排除或限制公平竞争

行政规范性文件主体权限和职权内容审查

【服务程序】

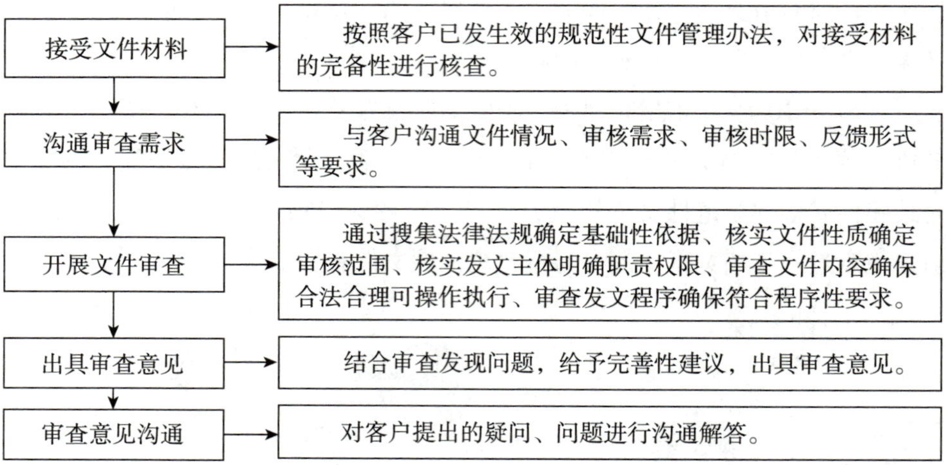

【服务方式】

1. 全面搜集法律法规政策。全面搜集整理审查行政规范性文件的法律法规等上位依据。

2. 实时沟通，全过程跟踪服务。通过电话、邮箱、微信（群）等多种方式，及时与文件送审、文件制定起草单位负责人员沟通、联系，及时了解文件制发情况，沟通文件审核工作开展过程中遇到的专业、模糊、疑难问题，及时沟通文件审核进展，对客户提出的疑问、问题进行及时沟通解答。

3. 团队式服务。结合文件审核难度，律师事务所组成研讨组，对复杂、疑难文件审核进行集体研讨。

【服务内容】

一、搜集审查依据

全面了解国务院办公厅《关于全面推行行政规范性文件合法性审核机制

的指导意见》等规范性文件的合法性审查依据。在审查具体的规范性文件时，全面检索所涉及的法律、行政法规等上位依据。

二、明确审核范围

结合国务院办公厅《关于加强行政规范性文件制定和监督管理工作的通知》规定的行政规范性文件概念，从外部性、普遍约束力、反复适用3个条件来核实文件是否属于行政规范性文件。

三、核查发文主体

审查规范性文件发布主体，在了解发文主体职权范围的基础上，审查发文主体是否有相关职权和权限、是否存在越权情形。

四、审核发文内容

从制定文件逻辑形式规范（核查文件名称、文号、体例条文逻辑、规范表述），内容是否合法（核查是否存在与上位政策相抵触、违法设定许可处罚、违反公平竞争原则等情形），制定文件合理可操作执行（条文可操作性、文件可执行性）等角度对发文内容进行审核。

五、审核发文程序

审查程序的合法性，主要关注程序是否符合法律、法规、规章的规定，是否符合上级行政机关和本级地方政府制定的有关行政规范性文件制发的程序规定。一些重大规范性文件出台，需按照重大行政决策程序执行。

【注意问题】

1. 随着法治政府建设的深入推进、经济社会客观形势发展变化等，社会治理所涉及的行政管理日益专业化、精细化和技术化，行政规范性文件发文呈现相同趋势，参与文件审核需要提升自身知识储备与实践经验。

2. 审查行政规范性文件，首先要讲究程序性，律师审查规范性文件，必须严格按照规范性文件制定和备案的规定要求进行；其次要讲究规范性，律师审查规范性文件本身不能违规，不能因为任何原因而降低合法性审查标准。

【预期效果】

协助各级发文主体、文件审查主体加强行政规范性文件审核，保障依法合规、保量高效制发行政规范性文件。通过行政规范性文件制发审核，确保发文主体出台的规范性文件合法有效，从源头上防止违法文件出台，维护国家法制统一、政令统一，保障公民、法人和其他组织的合法权益，助力依法行政，推进法治政府建设。

专题四

权力运行规范和协调机制建设

定制行权手册　规范行政管理

林琴梅*

【服务对象】

政府及其职能部门

【需求分析】

行权手册制作背景，从宏观上说是实现依法行政的治国理念，从微观上说就是解决权力清单的落地问题。权力清单在不停地更新。那么，行权手册制定后，如果权力清单进行更新，怎么办？事实上，这两者有本质的区别。权力清单只是告诉政府，政府有什么行政权力；而行权手册不仅阐明了政府有什么职权，而且更重要的是，阐明了政府有了这样的职权怎样进行一步步的操作。因此，行权手册的重点是在它的流程和文本方面。它解决了权力清单落地的问题，是一个重大突破。

党的十八届四中全会提出推行政府权力清单制度。之后，国家又相继出台了一些文件，反复强调和具体落实政府权力清单制度，为行权手册的制定

---

* 文字整理人：林琴梅，北京市易和律师事务所高级合伙人，中共党员，毕业于中国青年政治学院，担任中国法学会体育法学研究会理事。从业以来始终致力于政府行政法律服务研究，为多家行政机关提供常年法律顾问服务。

创造了良好的政策背景与社会条件。“推行政府权力清单制度，坚决消除权力设租寻租空间。”这是党的十八届四中全会对各级行政机关提出的新要求。在政府权力清单制度的要求下，各级行政机关陆续在其官网上专栏进行了行政权力公开，包含行政处罚、行政许可、非行政许可审批等主要行政职权。但是，职责科室、办理流程、配套文书等具体事项尚未十分明确，行政机关工作人员在行政履职过程中仍存在权限不明晰、程序不完备、文书不规范、责任难追究等问题。依法行政的基本要求是公共行政的运作都要依法进行，无论是权力的来源、载体还是权力的行使都要符合法律规则。更深层次的要求则是公共行政要符合法治的基本精神：民主、理性、公正、效率。[①]

一、符合国家全面依法行政的政策导向

2014 年 10 月，中国共产党第十八届中央委员会第四次全体会议的召开将依法行政提上了新的高度，推行全面依法行政，明确要求各级行政机关建立行政权力清单制度。2015 年 3 月，中共中央办公厅、国务院办公厅印发《关于推行地方各级政府工作部门权力清单制度的指导意见》，布置了全面梳理现有行政职权、大力清理调整行政职权、优化权力运行流程、强化权力监督和问责等主要任务。2015 年 12 月，《法治政府建设实施纲要（2015—2020 年）》和国务院办公厅《关于印发国务院部门权力和责任清单编制试点方案的通知》相继出台，明确强调要大力推行权力清单、责任清单、负面清单制度并实行动态管理。党的十九届五中全会审议通过的《中共中央关于制定国民经济和社会发展第十四个五年规划和二〇三五年远景目标的建议》指出深化简政放权、放管结合、优化服务改革，全面实行政府权责清单制度。

全面依法治国是当下的主题词。现代国家治理不同于传统国家治理，主要靠民主、法治和科学。法治是国家治理的重要手段或基本手段，[②] 依法行

① 参见薛刚凌、张国平：《依法行政与行政体制改革》，载《国家行政学院学报》2004 年第 1 期。

② 参见姜明安：《法治与现代国家治理的关系》，载《国家治理》2014 年第 17 期。

政是全面依法治国的重要环节，制定行权手册是实现依法行政的有效举措。制定行权手册，从权力来源、权力行使和权力制衡三个方面规范行政机关的管理，提升依法行政水平，符合现行国家政策导向。

二、政府现存问题亟须行权手册用以规制

由于行政机关在行权流程、行权文书、岗位责任等方面存在缺失，行政机关工作人员在行政履职过程中仍存在权限不明晰、程序不完备、文书不规范、责任难追究等问题。针对这些问题，亟须通过制定行权手册、完善相关行权要素和职责管理加以规制，逐项排查，全面改进。

三、将对政府依法行政发挥重大作用

行权手册的含义和特点决定了它的价值。权力的合理配置是约束权力的关键和前提。① 一套完整齐备的行权手册会对政府依法行政工作发挥重大作用。其作用如下：第一，明确政府行政处罚、行政审批、行政监管等行政职能的内容、数量；第二，将政府各项行政职能在各科室之间进行明确划分，避免相互推诿；第三，为政府工作人员提供一套行权指南，包括依据的法律法规、行权流程、使用的法律文书、注意事项等，指导工作人员依法行使各项行政职权。

【服务程序】

一、设计项目服务方案，明确工作内容和成果

起草行权手册项目法律服务方案，全面详细地介绍行权手册项目的服务

---

① 参见杨建顺：《让权力更好地服务人民》，载《辽宁日报》2013 年 1 月 15 日，第 5 版。

背景、服务内容及工作计划，其中具体明确项目各个阶段、环节的工作成果。

二、协调相关科室具体落实行权手册制定工作

项目一经确定，易和所即按照服务方案要求，对接开展该单位行权手册制定工作，具体如下：

1. 项目推介说明，组织相关科室负责人召开行权手册项目启动会，说明行权手册的制定背景、主要内容及工作安排等，听取了解工作人员介绍行权工作过程中的主要问题、困惑。

2. 梳理相关法律法规和权力清单，根据项目单位的“三定”方案查找相关法律法规，初步梳理各科室的权力清单。

3. 整合基础材料，相关科室指定专人，按照律师要求和材料清单提供日常履职过程中使用的法律依据、法律文书、权力清单等基础材料。

4. 起草行权手册，律师根据科室提供的基础材料和梳理的法律法规制定各科室行权手册，包括本科室每项行政职权的名称、类别、法律依据、办理时限、办理要件、办理流程、岗位职责、法律责任以及考核评价与责任追究办法等内容。

5. 征求科室意见，律师将制定的科室行权手册初稿发给各科室核对确认，征求意见。

6. 反馈修改完善，律师根据科室征求意见情况对行权手册进行修改完善，最后排版印刷。

三、召开行权手册项目启用会，强化行权手册应用性

为确保行权手册能够得到有效落实，每一单位的行权手册定稿完成后，就会组织召开本单位行权手册启用会，重点介绍行权手册的意义以及使用行权手册过程中需注意的问题。通过启用会，深化工作人员对行权手册的认

识，强化其对行权手册的重视。

四、上网公示落实社会监督

将行权手册工作成果通过政府官网进行公开公示，有效落实行政履职的社会监督，不断提升依法行政能力。

【服务方式和内容】

一、梳理法律法规和科室权力清单

1. 全面梳理相关法律法规，按标准进行分类、汇总。所谓“依法行政”，是指行政机关按照法律规定的程序行使法律赋予的行政职权，即法律是行政机关行权的前提和基础。因此，有必要对行政机关履行行政职能所依据的相关法律法规进行全面梳理，按照法律位阶（法律—行政法规—部门规章—地方性法规—地方政府规章—规范性文件）及职权类别（如工程质量、工程安全、房屋管理、物业管理等）标准进行分类、汇总，使行政机关工作人员均能方便、快捷、准确地找到行使行政职权所依据的各种法律规定。通过全面梳理、汇总，形成行政机关法律法规汇编手册并根据法律法规调整及时更新。

2. 设计科室权力清单，由行政机关填写并提交相关材料。职权内容是行使职权的基础。为确保行政机关全面履行本机关的行政职权，避免梳理出来的职权缺项漏项，我们在整理法律法规的同时填写科室权力清单。该清单包括职权名称、法律依据、职权类别、办理要件、办理时限、收费标准及依据六个方面的内容。另外，为增强职权梳理成果的可操作性，应向行政机关各科室出具材料清单，要求各科室按照清单提供日常履职过程中使用的法律依据、法律文书等相关材料并认真填写权力清单。此后，我们将梳理完成的权力清单发给相应科室，由各科室进行核对确认。最后，我们根据核对确认结果进行修改完善。权力清单明确了行政机关各科室的职权内容及法律依据，能有效解决科室之间权限不清、相互推诿问题。

目前，行政机关已在政府网站上进行了行政权力公开。但是，有些职权的设定依据为地方规范性文件，效力层级较低。随着新《行政诉讼法》的施行，规范性文件纳入法院审查范围。一旦法院审查认定该规范性文件与上位法相冲突，则行政机关的相关行政活动将缺乏法律支撑，构成行政违法。行权手册会对行政机关的行权依据进行全面审查，发现并汇总与上位法相冲突的规定，为后续解决行权依据得不到法院认可之问题提供保障。

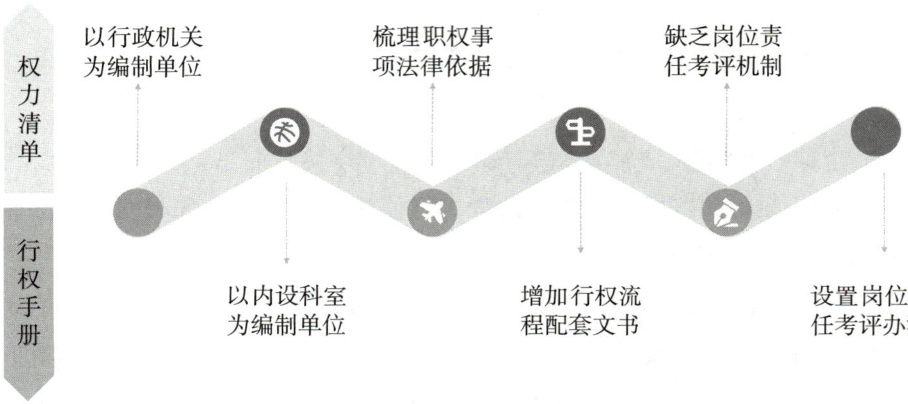

行权手册和权力清单的区别

PLAN A	PLAN B	PLAN C
梳理职权内容及法律法规 《科室法律法规汇编》 《科室权力清单》	优化行政职权运行规则 《科室行权手册》之行政职能及其行权规则 职权名称、职权类别、法律依据、办理时限、办理要件收费标准、岗位责任、法律责任、办理流程、配套文件	完善权责统一管理机制 《科室行权手册》之考核评估与责任追究 考核评估细则 依法行政领导小组分工量化评分标准

行权手册的主要内容

二、制定行权规则并形成行权流程和文书

我们在提供日常法律服务过程中发现，要求行政机关依法履职（查处某违法行为）的投诉举报事项日益增多，而相关业务科室在前期调查环节往往忽略证据保存（如电话录音、约谈通知、检查记录等），容易导致行政机关在行政不作为诉讼中因拿不出作为证据而败诉。为使行政机关能依法履行行政职责、充分发挥各科室履职效能、明确划分各科室履职权限，行权手册除在权力清单的基础上设置了职权名称、职权类别、法律依据、办理要件、办理时限、收费标准及依据外，还设置了岗位职责、法律责任并制定、完善行权流程图、行权文书模板，提示主要注意事项，帮助业务科室正确履职。

1. 进一步明确职权内容及法律依据。我们根据相关法律法规的规定，结合行政机关各科室的“三定”职能，从职权名称、职权类别、法律依据等内容分别对各科室的行政职权进行全面梳理，明确了各科室的行政处罚、行政审批、监督检查等职权，实现了权限清晰、分工明确。

2. 设定岗位职责，明示法律责任。岗位职责是行政机关工作人员履行某项行政职能的办事标准。我们指导工作人员在履职过程中应对此标准掌握到何种程度，应知道具体工作内容是什么。法律责任是行政机关工作人员未按照法定要求履行行政职能须承担的不利后果。在行权手册中明示法律责任，有助于提高工作人员依法履职的重视度，降低不作为、乱作为的可能性。

3. 制定、完善行权流程及行权文书。行政机关在行政履职过程中存在权限不清、证据不明等问题，很大程度上是因为缺失合理的行权流程及规范的行权文书。尽管加强程序制约也许会对效率产生一定的负面影响，但这是防止滥权必须付出的代价。① 我们通过审核行政机关各科室提供的上级或业

① 参见姜明安：《服务型政府与行政管理体制改革》，载《中国法学会行政法学研究会 2008 年年会论文集》（上册）。

务指导部门制作的规则文件并与业务科室沟通实际操作做法，在充分调研的基础上制定并完善受理、审查、报批、移转、送达等行权流程，配套制定、完善约谈通知书、约谈笔录、现场检查通知、现场检查记录、电话记录单、送达回证等行权文书，进一步加强行政管理，促进依法行政。将流程分为对内流程和对外流程两部分，包括科室之间的轮转，先去政府大厅还是直接到科室、科室和科室之间如何对接等。

三、完善职责管理规则

权利没有救济途径就难以保障，权力没有责任约束就易生腐败。关键就是要让每个主体各归其位，每个主体的权力都受到法律的严格限制，让真正行使权力的组织机构和个人都能服从法律，以宪法法律为行动指南。[①] 为切实贯彻落实行权手册，增强行政机关工作人员执行行权手册的自觉性和积极性，应在权责梳理的基础上设定、修正和完善现有岗位责任；健全内部监督机制，设计制作考核评价办法；确立权责一致原则，落实责任到岗，依法追责。在该工作阶段，将形成岗位责任书、考核评估细则及责任追究办法等若干工作成果。

四、深化执行效果考核评估

为发挥行权手册的应有之效，需定期对项目单位行权手册的落实执行情况进行跟踪测评，并可结合执法案卷评查、依法行政考核、法治政府建设督察等工作，全面了解行权手册对行政机关履职的作用以及应用过程中的问题。另外，根据法律法规更新、机构改革适时调整行权手册中的职权、法律依据等内容，不断优化升级。

---

① 参见马怀德：《依法规范公权力，治中国当前社会矛盾之本》，载《东方早报》2012 年 5 月 29 日，第 T08 版。

【风险提示】

在为项目单位定制行权手册过程中可能存在以下问题需予以关注：

1. 调研阶段。对于非顾问单位，沟通对接不太顺畅，主管领导不够重视，调研沟通会召开困难；提交材料有限，权力清单填写不完整、不准确。

2. 制作阶段。律师非业务人员，基于公示的“三定”方案根据法律法规划分职权，且“三定”方案中职权描述存在重合，有时与实际的科室职权不一致；因调研收集材料有限，根据法律规则设计配套法律文书，有时与实际运用的文书不一致。

3. 验收阶段。业务科室未能及时、认真核对律师制作的行权手册，基本无反馈意见，导致行权手册脱离工作实际。

4. 执行阶段。缺乏跟踪评价和培训，业务科室对行权手册的利用率较低，未能充分发挥其应有效能。

【预期效果】

行权手册解决的是行政职权运行的规范性问题。从实用性上来说，一名刚刚分配到政府机关的大学生拿着一本科室的行权手册就可以完成一系列行政职能，如某民政局殡葬管理办公室的一名科员，运用行权手册可以按照其指引、流程，完成行政处罚、行政许可或者其他的行政职能。这样会大大提高行权的效率，降低行政成本。

行政执法评估规范化法律服务

邹　倩*

【服务对象】

政府司法法制部门、其他职能部门、法律法规授权的组织

【需求分析】

一、行政执法评估成为行政执法监督的有效方式之一

党的十八届四中全会确立了全面推进依法治国的大政方针。《法治政府建设实施纲要（2015—2020 年）》《国民经济和社会发展第十三个五年规划纲要》均提出要严格公正执法，加强权力监督，落实权力责任，实现政府活动全面纳入法治轨道。而自党的十九大以来，作为行政执法监督的一种方式，开展行政执法评估工作，对改进行政执法工作现状，监督和解决行政执法领域尚存的一些问题发挥着积极作用。

---

* 文字整理人：邹倩，政府法律服务部律师，中共党员，毕业于中央财经大学，法律硕士学位。主要业务领域为政府法律顾问业务。服务客户包括区县政府法制机构、体育局、住建委、人社局、生态局、街乡镇政府等。

二、目前行政执法评估工作尚有不足

现有行政执法评估工作存在评估关系不清、评估规则缺失、有效评估实操指引缺乏、评估奖惩与跟踪反馈机制不明晰等问题，导致行政执法评估工作面临诸多困境。确立一套完整的行政执法评估规则体系，为行政执法评估工作创立得以运行的制度环境，使行政执法评估主体能够有序开展评估工作，依法评估、科学评估，实现评而有效、评而有果，具有积极的意义和作用。其可以促进行政执法的规范化，进一步推进法治政府建设的进程。

（一）行政执法评估工作标准化、体系化缺失，评估流于形式

目前我国行政执法的评估工作较为粗糙，且大部分流于形式，没有达到应有的效果。首先，评估工作开展随意性大，领导的主观性较强；其次，评估主体的结构单一，以内部评估为主；最后，没有形成统一化的、科学的评估指标。各地、各政府、各执法单位的评估指标千差万别。上述问题的症结在于：第一，缺乏多元化的评估机制，除了内部评估，还应结合外部评估；第二，缺乏统一的评估标准；第三，缺乏评估计划和评估报告分析制度。

（二）行政执法案卷评查标准不完善、体系不健全，评查结果不科学

第一，案卷评查标准不完善。从行政执法案卷评查工作实际情况来看，各地出台的案卷评查标准与细则不尽相同，一线城市如北京等，其案卷评查标准及细则相对完善，二线、三线城市则缺少较为科学、完善的案卷评查标准及细则。第二，现有案卷评查标准存在不足，有待进一步调整和完善。目前各地出台的案卷评查标准及细则，均不同程度地在评查方法、计分方式、评分标准等方面存在前后矛盾问题，使案卷评查工作在实际操作中，难度增

加。另外，案卷评查标准及细则与各行政机关特殊执法系统（如税务、烟草等系统）规定的执法标准及相关特别法律法规规定存在不一致，缺少竞合与解释方法。第三，案卷评查工作与行政机关及其执法人员绩效考核衔接制度缺失，评而无果情况较为普遍。

（三）行政执法评估工作办法与规程缺失，法制监督部门执法监督无的放矢

现有行政执法评估工作缺少体系化与规范化，行政执法评估工作规程、流程缺位，导致法制监督部门开展执法监督工作乏力，无处着手，无章可循。

【服务程序】

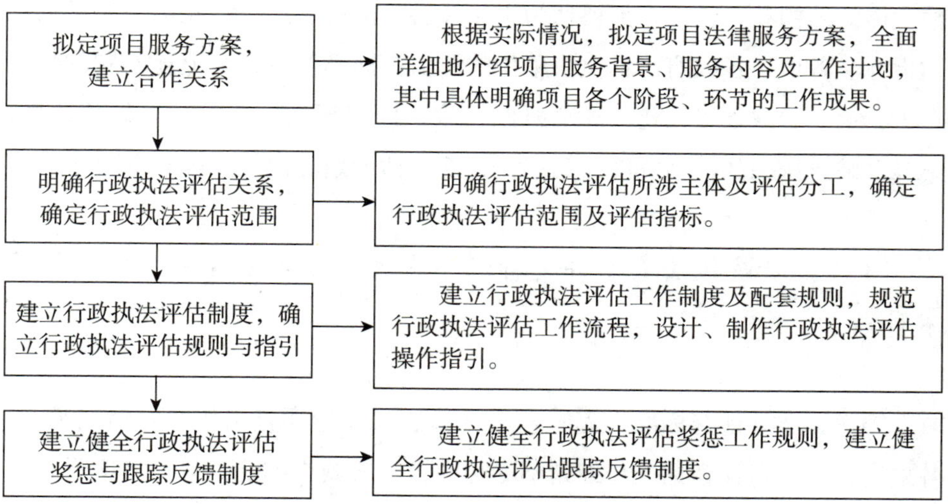

【服务方式】

行政执法评估规范化法律服务项目主要采取以下方式提供法律服务：

1. 实地调研。主动去相关行政机关实地了解情况，在充分了解现存问题的基础上，制定符合实际的设计方案。

2. 及时沟通。通过电话、邮箱、网站、微信（群）等多种方式，及时与相关行政机关负责人沟通、联系。

3. 团队式服务。结合实际情况，律师事务所组成行政执法评估项目组，对复杂、疑难法律问题及时进行集体“研讨会诊”。

【服务内容】

一、明确行政执法评估关系，确定行政执法评估范围

第一，明确行政执法评估所涉主体及评估分工。建立行政执法评估各主体职能清单，明确行政执法评估主体、被评估主体职能范围，划清评估与配合评估工作职能界限，明确行政执法评估所涉各主体的分工。

第二，确定行政执法评估范围及评估指标。根据法律法规的规定，结合行政执法工作实际，确定行政执法评估范围。通过综合考量评估对象的差异性，设计确立行政执法评估指标。

二、建立行政执法评估制度，确立行政执法评估规则与指引

第一，确立行政执法评估工作程序，明确各程序工作内容、方法、工作主体及程序衔接，设计和完善合法、高效、可操作性强的行政执法评估工作制度及配套规则办法等，从制度设计上实现行政执法评估的合法化、规范化、体系化。执法评估制度体系主要包括：

1. 行政执法评估工作规程。目前行政执法评估工作开展的随意性弊端，导致行政执法评估工作规程的缺位。设立行政执法评估工作规程，将行政执法工作程序贯穿一定的标准、要求和规定，是建立科学行政执法评估制度体系的前提。将行政执法评估工作的流程、要求、规定、标准和制度予以明

确，建立行政执法评估制度体系中的基础制度。

2. 职权岗位清单备案制度。职权岗位是行政执法行为作出的载体与依据。根据职权岗位的划分，各行政机关及其执法人员依职权岗位职责进行相应的执法活动。若职权岗位设置不明，则为错误执法、重复执法甚至空白执法等问题创造出滋养的“温床”。因此，执法部门明确职权岗位的边界及内容，是依法执法、规范化执法的前提。建立职权岗位清单备案制度，不仅可以使政府法制部门了解到执法机构的执法岗位配置情况，也可以了解到执法部门对执法岗位法定职权的认知情况，发现职权认知的误区。

3. 行政执法过程抽查制度。职权岗位清单备案制度是静态评估制度，但行政执法是动态的过程，因此需要建立行政执法过程抽查制度。行政执法过程抽查制度是对行政执法过程中涉及行政执法的各环节进行抽查的制度。通过行政执法过程抽查制度的建立，可以督促、监督各行政执法机关、各执法部门的行政执法行为。

4. 行政执法案卷评查制度。案卷评查是对行政执法机关、行政执法部门的行政执法案卷实施检查，对行政执法行为的合法性、合理性和行政执法文书的规范化等情况进行检查评价的活动。在案卷评查工作中，除了对行政执法案卷进行评分外，尚未建立起案卷评查制度体系，缺乏案卷评查工作机制、案卷评查与考核衔接制度、案卷评查分析报告制度等。而建立行政执法案卷评查制度，才能使案卷评查工作具有可行性、有效性，达到评而有果的效果。

第二，按照行政执法评估工作程序，设计制作行政执法评估操作指引，明确各评估阶段工作主体、工作内容、工作流程及相应的配套文书，并对配套文书的使用配以详细说明指导，为行政执法评估工作提供一套操作指南。

三、建立健全行政执法评估奖惩与跟踪反馈制度

第一，建立健全行政执法评估奖惩工作规则，设计制作奖惩办法，发挥激励作用，落实责任到岗，依法追责。

第二，建立健全行政执法评估跟踪反馈制度，梳理、总结行政执法工作中存在的问题，分析出风险所在，将行政执法评估工作予以成果化，形成执法效果评估分析报告，进行法律风险评估，提出可行性对策或建议；对执法流程予以规范，完善程序制度和工作规程，实现评估后改进。

【风险提示】

1. 行政执法评估规范化法律服务要求评估主体充分掌握评估方法，依法、公平、客观开展评估工作；被评估主体提供真实信息及资料，避免谎报、瞒报，提供虚假材料情况。

2. 行政执法评估指标的建立不仅要合法合规，还应科学、合理。

3. 开展行政执法评估工作前应设计科学有效的方法和流程，确保评估手段便捷、高效，数据收集全面、具有代表性。

4. 行政执法评估规范化法律服务将评估结果与奖惩机制挂钩，行政机关评估结果不良则可能产生相应的奖励或惩戒结果。

【预期效果】

作为行政执法监督的一种方式，行政执法评估工作发挥着积极作用。行政执法评估规范化法律服务，确立了一套完整的行政执法评估规则体系，通过评估关系及评估范围的明确、评估制度规则与指引的建立、评估奖惩与跟踪反馈制度的健全，使行政执法评估主体能够依法评估、科学评估。在法治理念的指引下，运用法律规范、法律原则、法律精神和法律逻辑分析、判断和处理问题；通过遵循程序，制定和执行制度、规范、机制来开展行政执法评估工作，能够有效解决目前行政执法评估工作的内在困境，提高行政执法评估工作的可操作性，推进未加羁束的权力辨认行为转变为受羁束的、受监测的权力辨认行为，起到敦促行政执法主体依法执法、主动执法、服务性执法的作用，促进行政执法的规范化，进一步推进法治政府建设的进程。

一、化解行政执法的随意性、被动性与功利性

行政执法行为的核心是辨认权力。未加羁束的权力辨认行为将导致执法的随意性、被动性和功利性。行政执法的随意性表现为行政执法错误、行政执法过度；行政执法的被动性表现为行政执法不及时、不彻底和不连续；行政执法的功利性表现为运动性执法、突击性执法、波动性执法、恐吓性执法、蛊惑性执法以及张扬性执法。对行政执法评估工作进行体系化建设，提高行政执法评估工作的可操作性，有利于推进未加羁束的权力辨认行为转变为受羁束的、受监测的权力辨认行为，起到督促行政执法主体依法执法、主动执法、服务性执法的作用。

二、增强相对人对行政执法行为的信任

我国行政执法存在执法信任危机。这种信任危机来自两个问题："一方面，行政执法无法满足现实需要，不是主动地、有条不紊地执行现有法律规范，而是被各种违法现象牵着鼻子走，许多明显的，甚至是公开性的违法行为长期得不到根治；另一方面，执法者又不甘心就此被扣上'执法不力'这顶帽子，在某些特定的时间段和某些特定的领域会走向另一个极端，幻想一次性解决由于行政执法被动性所遗留下的各种问题。"这极大地伤害了行政相对人对行政执法的期待，产生行政执法行为是一种不受监督、不受制约的权力行为的误解。建立行政执法评估体系，完善行政执法案卷评查标准，将行政执法行为拉入被科学测度和评价的范围中来，有利于对执法行为作出更为客观的评价，更为重要的是，为行政执法中的不规范行为提供惩罚的依据，起到权力监督的积极作用。

三、行政执法评估可以推动行政执法规范化及法治政府进程

随着法治国家与法治政府建设步伐的加快，对行政执法规范化要求的提升，科学行政执法评估不仅成为法律法规以及国家各项政策的要求，也是各级政府法制部门的工作任务，还是促进行政执法规范化的有效途径。因而，行政执法评估是行政执法规范化的考核工具，行政执法评估工作开展的好坏，也是各级政府法制部门、各执法部门的政绩体现。

行政处罚案卷评查法律服务

富　尧[*]

【服务对象】

政府司法法制部门、政府执法部门、法律法规授权的执法监督单位

【需求分析】

2016年北京市人民政府法制办公室发布了《关于印发〈北京市行政处罚案卷标准和评查评分细则〉的通知》（京政法制发〔2016〕35号）；2017年北京市推进依法行政工作领导小组发布了《关于印发〈2017年度区政府依法行政考核指标〉的通知》（京依法行政发〔2017〕3号），将行政处罚案卷评查作为一个得分项列为了激励性指标；2021年北京推进依法行政工作领导小组办公室颁布了新的行政处罚案卷标准，对原有标准进行了补充和调整。因此案卷评查工作是执法监督工作的一个重要内容，也是法治政府建设争优创优的关键点。本项目协助政府司法、法制部门及其他职能部门开展案卷评查工作，制作案卷评查分析报告，有效监测行政处罚案卷中存在的问

＊ 文字整理人：富尧，易和律师事务所昌平分所主任，政府法律服务部主管负责人，北京市律师协会行政法与行政诉讼法专业委员会副秘书长。毕业于吉林大学法学专业，长期从事政府法律顾问工作，担任区县法制部门、生态环境、住房和城乡建设、水务、综合执法等职能部门以及多个街乡镇政府法律顾问，拥有丰富的法律实务经验。

题，提出规范化建议及意见，对监督行政处罚案卷依法制作，监督行政处罚依法实施，落实依法行政规范化具有积极的意义和作用。

【服务程序】

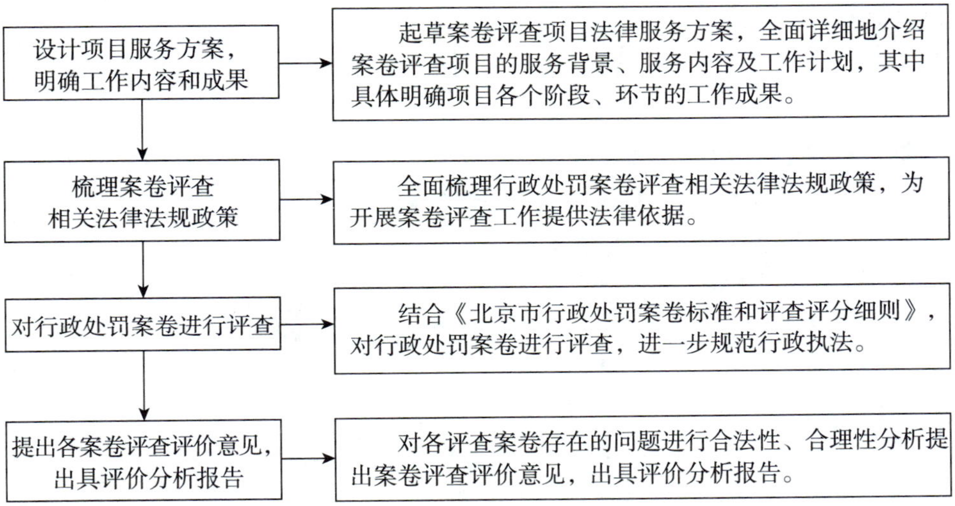

【服务方式】

案卷评查项目主要采取以下方式提供法律服务：

1. 实地调研。主动去相关行政机关实地了解情况，在充分了解现存问题的基础上，制定符合实际的设计方案。

2. 实时沟通。通过电话、邮箱、网站、微信（群）等多种方式，及时与相关行政机关负责人沟通、联系。

3. 团队式服务。结合实际情况，本律师事务所组成案卷评查项目组，对复杂、疑难法律问题及时进行集体“研讨会诊”。

【服务内容】

一、梳理案卷评查相关法律法规政策

全面梳理行政处罚案卷评查相关法律法规政策，归结案卷评查工作重点和关键点。

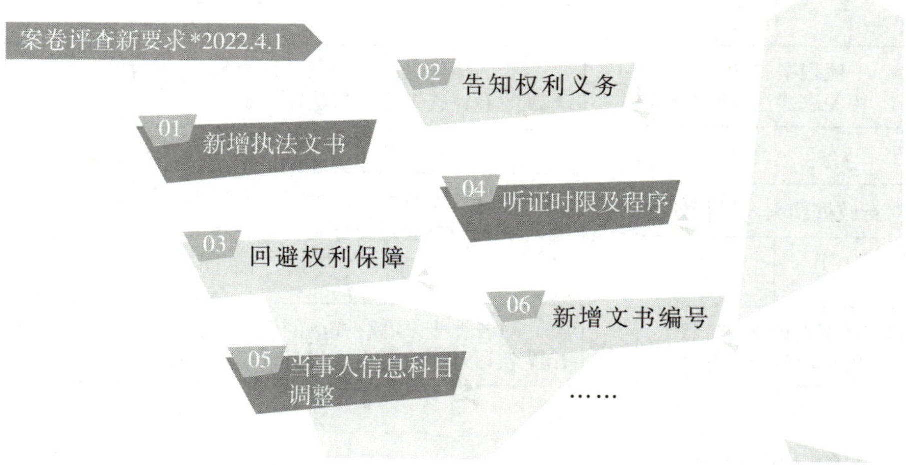

2022 年版北京市行政处罚案卷标准新要求

二、对行政处罚案卷进行全面评查

依照法律法规及政策的规定，结合《北京市行政处罚案卷标准和评查评分细则》，对行政处罚案卷进行全面查阅，审核行政处罚案卷，对行政处罚案卷各环节问题归纳、汇总。

三、提出各案卷评查评价意见并制作行政处罚案卷评价分析报告

在行政处罚案卷各环节问题归纳、汇总的基础上，对各评查案卷存在的问题进行合法性、合理性分析，针对各行政处罚案卷提出案卷评查评价意见，并制作年度行政处罚案卷评价分析报告。

【风险提示】

1. 案卷评查法律服务要求评查主体充分掌握评查方法，依法、公平、客观开展案卷评查工作；被评查主体提供真实案卷材料，避免弄虚作假，提供虚假材料情况。

2. 案卷评查法律服务中评查结果与绩效考核相挂钩，评分不合格则可能产生相应惩戒结果。

【预期效果】

通过案卷评查，对行政处罚案卷进行全面查阅、审核，可以把握行政处罚案卷存在的不足与问题，发现行政处罚案卷在主体资格、事实证据、适用法律、程序规则等方面的问题，有效把控、监控行政处罚行为。通过对行政处罚案卷各环节问题进行归纳、汇总，对各评查案卷存在的问题进行合法性、合理性分析，针对各行政处罚案卷提出案卷评查评价意见，有助于对案卷评查标准及行政处罚主体行为及时整改，化解行政执法信任危机，增强公众对政府信任度，从而将有利于落实执法监督工作，促进行政执法规范化及法治政府建设进程。

执法下沉背景下基层执法规范化法律服务

富　尧*

【服务对象】

综合执法部门、镇街

【需求分析】

根据中共中央办公厅、国务院办公厅印发《关于推进基层整合审批服务执法力量的实施意见》要求，各地积极探索基层执法实践。为深化党建引领“街乡吹哨、部门报到”改革，推进行政执法权限向基层延伸，北京市人民政府陆续印发《关于向街道办事处和乡镇人民政府下放部分行政执法职权并实行综合执法的决定》（京政发〔2020〕9号）和《关于取消和下放一批行政执法职权的决定》（京政发〔2021〕5号），决定将由市、区有关部门承担的部分行政处罚权、行政强制权下放至街道办事处和乡镇人民政府，并由

---

* 文字整理人：富尧，易和律师事务所昌平分所主任，政府法律服务部主管负责人，北京市律师协会行政法与行政诉讼法专业委员会副秘书长。毕业于吉林大学法学专业，长期从事政府法律顾问工作，担任区县法制部门、生态环境、住房和城乡建设、水务、综合执法等职能部门以及多个街乡镇政府法律顾问，拥有丰富的法律实务经验。

其依法行使与之相关的行政检查权，实行综合执法。此后，区司法局所属派出机构——司法所也随之下沉到镇街，承担镇街法治政府建设相关职责。

随着职权下放、综合执法的不断推进，行政执法权限向基层延伸，因镇街此前无行政处罚、行政强制职权，不具备架构完善、行之有效的行政执法制度体系和实践经验，面对新的行政定位，基层领导、综合行政执法队、司法所及业务科室如何实现角色转换，行政执法权在基层政府内部有效运转、外部规范执法，成为亟待解决的问题。

为高效贯彻落实职权下放工作要求，顺利承接相关行政执法职权，本所协助客户单位积极探索贴合基层行政执法需求的工作模式，推行试点，从构建行政执法制度体系、建立行政执法工作机制、优化日常综合执法工作管理等方面着手，制定基层综合执法手册，切实提升行政执法水平，促进严格规范公正文明执法，逐步实现综合执法规范化。

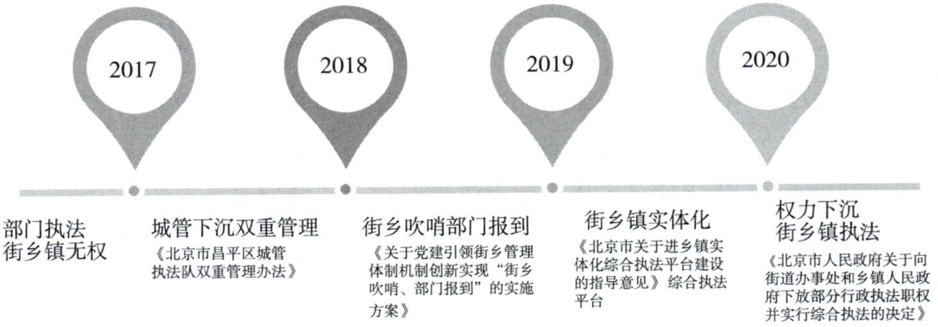

北京市行政执法权下沉发展沿革

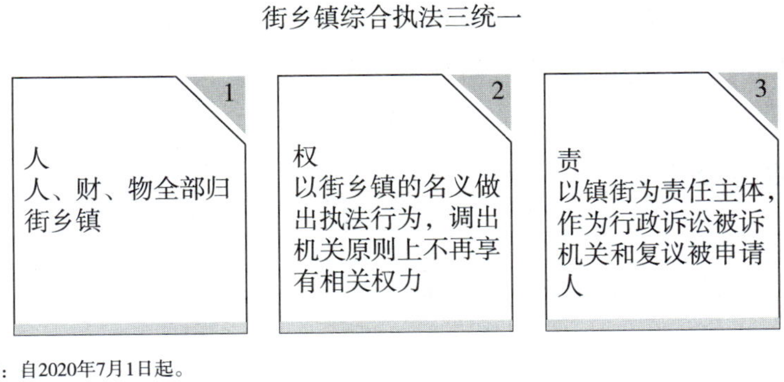

注：自2020年7月1日起。

执法下沉后“人、权、责”三统一

【服务程序】

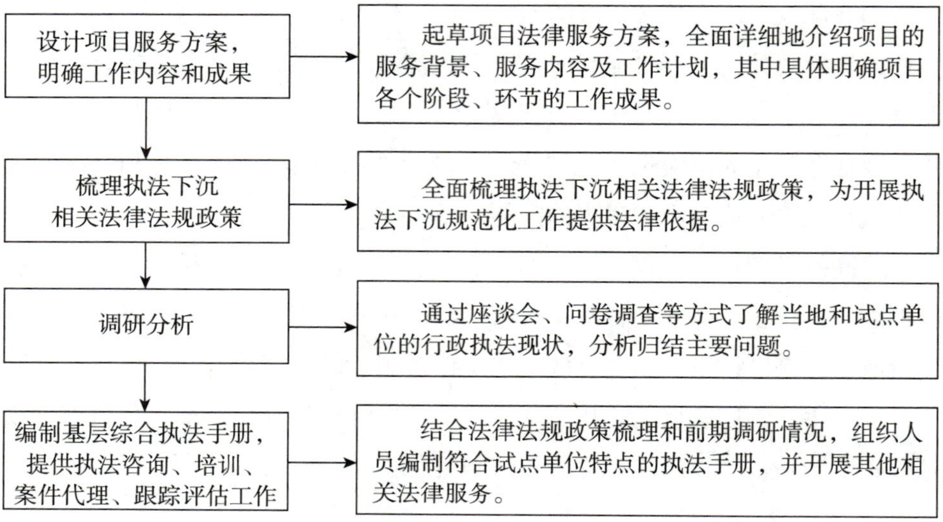

【服务方式】

基层执法规范化项目主要采取以下方式提供法律服务：

1. 实地调研。主动去相关行政机关实地了解情况，在充分了解现存问题的基础上，制定符合实际的设计方案。

2. 实时沟通。通过电话、邮箱、网站、微信（群）等多种方式，及时与相关行政机关负责人沟通、联系。

3. 团队式服务。结合实际情况，本律师事务所组成项目组，对复杂、疑难法律问题及时进行集体“研讨会诊”。

【服务内容】

一、编订基层综合执法手册

基层综合执法分篇编辑成册，主要包括四部分：

（一）基础篇

本篇从综合执法改革趋势、行政执法职权类别、行政执法基本要求等角度，梳理整合综合执法基本要点，夯实相关工作人员的理论基础；根据相关法律法规及现有工作制度，进一步细化行政执法流程，通过可视化流程图的形式展示行政处罚、听证、行政强制及违法建设查处的操作程序，便于工作人员系统化掌握相关流程；梳理行业主管机关职责，建立联系簿，为执法过程中的业务指导、协调配合明确具体路径。

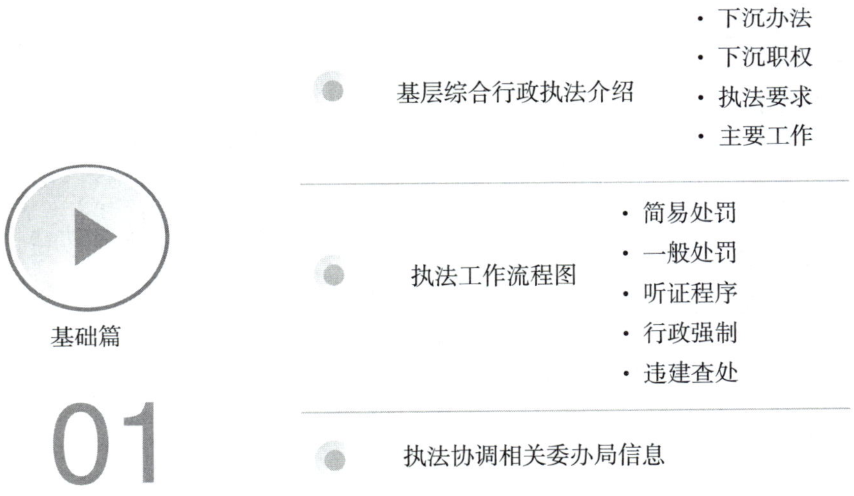

综合执法手册之基础篇

（二）制度篇

为确保镇街负责人、综合执法队、司法所等明晰各自的工作职责、快速熟悉工作流程，实现行政执法工作依法、高效运行，试点单位采用分批制定、逐步完善的方式，构建综合执法工作制度体系。例如《行政执法事项审批制度》《行政执法决定法制审核制度》《重大行政执法案件审理委员会工作制度》的架构和设计，打通执法审批、法制审核、集体讨论这三个行政执法工作的关键环节，确保综合执法工作落地，实现基本运转。随着执法职权的顺畅运行，结合工作需求进一步细化工作流程，逐步健全综合执法工作制度体系，包括执法工作职责及考核办法、行政执法公示制度、行政执法文书及印章使用办法、查封扣押财物管理办法等。另外，各试点单位根据各自执法工作需求，制定如证据先行登记保存办法、协管员管理办法等制度，建立符合本级政府管理特色的综合执法制度体系。

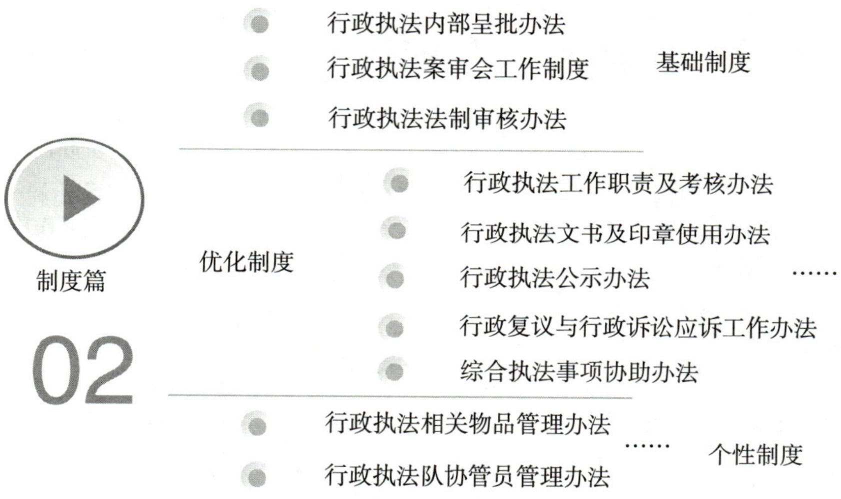

综合执法手册之制度篇

（三）法律篇

职权法定是依法行政的基本原则，明确综合行政执法的职权范围是执法规范化的基础和前提。除下放行政职权及相关法律法规外，各试点单位将涉及行政执法的基本法律法规及规范性文件进行整理汇编，内容涵盖基础法律法规、职权下放文件、行政执法“三项制度”、听证标准及程序、处罚程序、案卷评查、案件移送等，成为执法人员必备的基础法律知识。

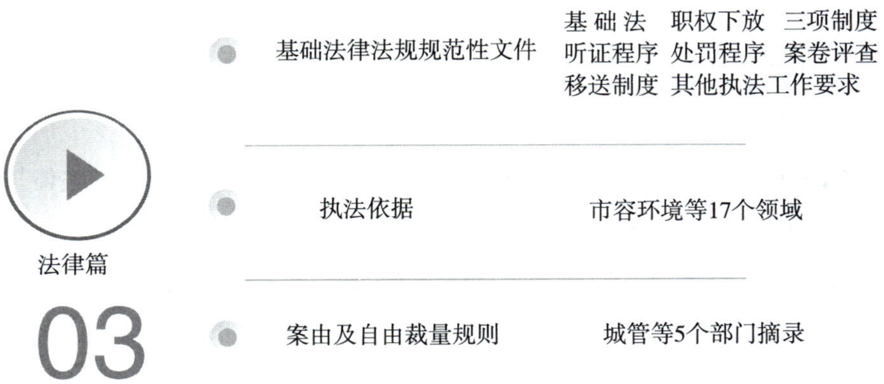

综合执法手册之法律篇

（四）文书篇

行政执法文书为行政执法行为的载体，规范行政执法文书的制定和使用是依法行政的客观需要和必然要求。各试点单位在北京市统一下发的示范文书的基础上，依据法律规定，结合执法实际，不断完善和优化执法文书形式及内容，明确文书填录规范和使用注意事项，提示司法审判新动向，汇总文书常见法律风险和防控要点。

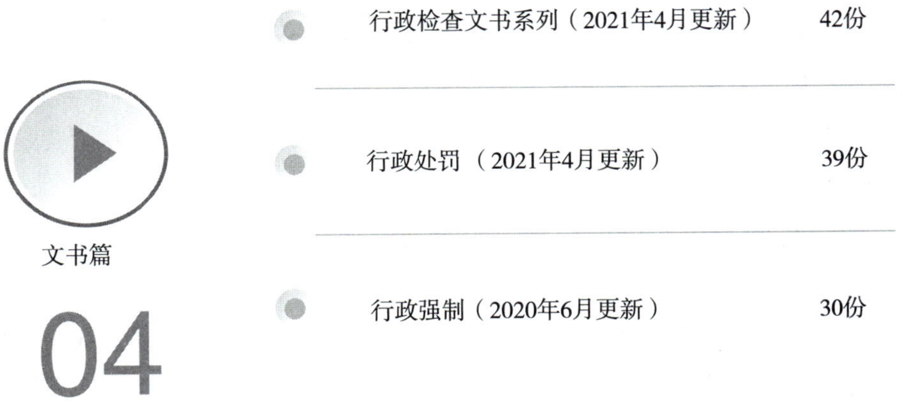

综合执法手册之文书篇

二、开展行政执法培训

为加强试点单位全员对于下放行政执法职权工作的认识，提高整体执法水平，提升工作人员法治素养，律师可就基层政府“综合执法”以及行政执法规范化等方面，提供专业法律培训。建立分类培训机制，通过对主管审批人员、法制审核人员、执法人员等对象设计有针对性的分类培训课程，进一步提升行政执法相关工作人员法治素养，强化实操能力，优化执法水平，尽快实现业务能力与执法工作需求相匹配。

三、提供行政执法日常法律服务

试点单位在履行“综合执法”相关职权过程中，会涉及职权划转、案件交接等方面的问题，应发挥法制机构及法律顾问作用，共同为综合执法提供全流程法律支持，通过执法前提出法律分析和建议、执法中对执法文书进行合法性审核、执法后定期执法案卷评估等方式，建立起覆盖全流程的法制监督体系，充分发挥监督员、指导员、参谋官作用。

律师可就个案提供有针对性的法律服务，服务内容包括：行政执法文书法律审查；行政执法咨询，提供法律分析及处理建议；针对集中出现的执法问题，作出风险提示以及工作完善建议；针对疑难、复杂的行政执法投诉、举报等，提供处理建议。

四、行政复议及行政诉讼案件代理

针对试点单位涉及的行政复议、行政诉讼案件，律师可接受委托提供代理服务，内容包括但不限于案件分析、梳理证据、答复/答辩文书准备、出庭应诉、行政调解等。

五、开展行政执法跟踪评估工作

为及时摸清执法情况，发现执法问题，实现规范执法，减少诉累，本项目将定期开展执法评估工作，通过案卷评查、执法抽查等方式，梳理常见文书问题和执法风险，全面评估行政执法效果，规范行政执法行为，总结执法工作经验，避免违法违规行为发生，防控法律风险。

【风险提示】

1. 注意结合当地执法改革和试点单位的实际情况个性化设计便于操作执行的执法手册。

2. 注意开展执法跟踪评估工作，及时发现执法制度及其他存在的问题和风险，不断优化升级项目。

【预期效果】

一、目标性强，有效推动执法权下沉落地执行

综合执法规范化项目着眼于镇街落实综合执法工作、依法高效行使行政执法职权的迫切需求，解决综合执法队、司法所及主管负责人工作内容、工作流程、工作要求等实际问题，将“三项制度”结合镇街实际进行细化，形成镇街履行行政执法职权的工作机制和操作规程，明确具体工作要求，有效促进镇街依法全面履行下沉执法职权，激发法治政府和规范执法的内生动力。

二、系统性强，六个层面相辅相成

通过夯实综合执法理论基础，规范执法工作流程，切实推进执法活动依法、合理、科学、有效开展；通过构建工作制度体系，夯实执法基础，使各项执法工作有章可循；通过实施执行机制，推动制度落实，确保制度执行的持续跟进，坚决防止制度执行的虚化和空转；通过优化执法配套文书，实现执法工作精细化、规范化管理，有效防控法律风险；通过组织执法法律培训，助推执法能力提升，强化证据意识、程序意识、规范意识；通过健全评估考核，落实责任，强化督查，促整改、促提升、促长效。

三、实效性强，切实提升镇街综合行政执法水平

综合执法规范化项目紧密结合镇街执法实践，通过交流研讨、深入调研，着力解决镇街行使行政执法职权的基础问题，并通过跟踪落实情况不断充实完善，确保各项举措有需求、有响应、有实效，力求镇街开展执法活动有抓手，能落地。例如，北京市 5 个镇街经过一年以来的试点探索，通过构建执法工作机制、培训提升法治意识、执法全流程法律咨询等方式，能够切实提升镇街执法能力，实现“内部有效运转、外部规范执法”的良好效果。

四、可复制性强，具备基层镇街普遍适用的条件

综合执法规范化项目通过基层综合执法手册的标准化设计，可在全市范围内广泛推广，基层镇街普遍适用。目前，北京市除试点镇街外，马池口镇、南邵镇、天通苑北街道等也已引进综合执法规范化项目，并在标准化模板的基础上，结合属地特色进行个性化设计调整，进一步优化执法举措，强化执法效能，实现长效发展。

优化营商环境与告知承诺制推行

郭佳琪*

【服务对象】

政府及其职能部门

【需求分析】

《优化营商环境条例》出台，要求持续深化简政放权、放管结合、优化服务改革。国务院《关于加强和规范事中事后监管的指导意见》指出深化减政放权、打造市场化法治化国际化营商环境。司法部《关于印发开展证明事项告知承诺试点工作方案的通知》要求持续开展“减证便民”行动，优化营商环境。相关行业主管部门陆续就本领域内职权事项进行梳理，确定告知承诺制改革试点，并探索推行告知承诺制的流程、配套文书等。

告知承诺制是优化营商环境的重要举措，但实行起来需明确事项清单、办理流程、事后监管措施等具体内容，专业性较强，律师可协助政府机关完善告知承诺制标准化、规范化工作。

---

* 文字整理人：郭佳琪，北京市易和律师事务所合伙人，中共党员，北方工业大学法理学硕士。主要执业领域为政府法律顾问业务。擅长业务领域包括行政立法、规范性文件合法性审查、行政执法规范化、信息公开、涉法信访、业主大会及业委会活动、行政复议及行政诉讼案件代理等。服务客户包括国家部委、市区县政府法制机构、卫健、街乡镇政府等。

【服务程序】

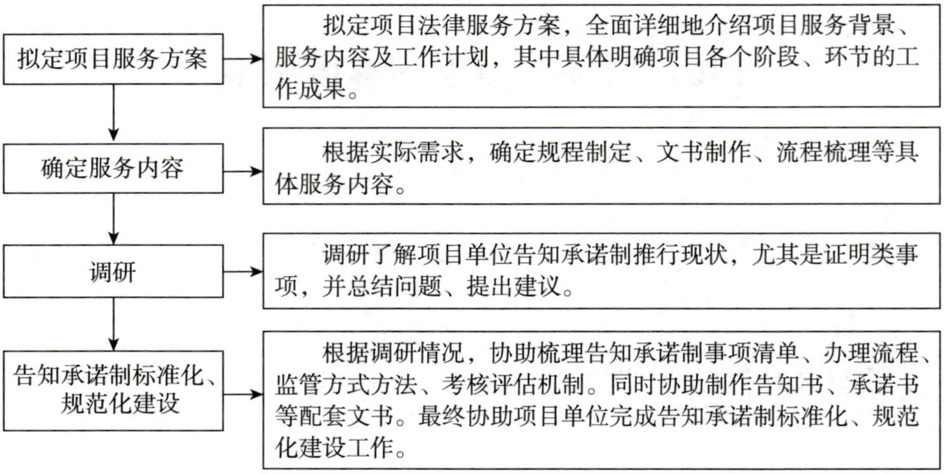

【服务方式】

1. 归纳梳理现行法律法规。全面梳理告知承诺制涉及的法律法规和政策规定。

2. 实地调研。律师团队主动深入项目单位进行实地调研，与相关工作人员沟通交流，了解告知承诺制推行现状。

3. 实时沟通，全过程跟踪服务。通过电话、邮箱、网站、微信（群）等多种方式，及时与项目单位负责人员沟通、联系，及时解决工作开展过程中遇到的疑难问题和矛盾，及时报告、调整工作方案和成果。根据项目推进情况，开展相应辅助性的法律服务工作，参加项目相关疑难问题的论证、研讨、调查，制作项目汇报 PPT 和书面汇报文件。

4. 团队式服务。结合实际情况，本律师事务所组成项目组，对复杂、疑难法律问题及时进行集体“研讨会诊”。

【服务内容】

一、法律法规梳理

梳理告知承诺制相关的法律法规规定，形成法律法规汇编。

二、现状调研

在全面梳理告知承诺制相关法律法规规定的基础上，通过座谈会、问卷调查、书面评查等方式，了解项目单位推行告知承诺制和证明事项情况，分析现存问题并提出优化建议。

三、建立健全告知承诺制推行的长效机制

根据前期法律法规梳理和调研分析情况，协助项目单位确定告知承诺制事项清单、制定告知承诺制施行规程、规范办理流程、制作告知书、承诺书等文书模板，并协助项目单位依法予以公示。建立告知承诺制事后监管和考核评估机制，进一步推进“放管服”改革与优化营商环境。

四、宣讲培训

对于告知承诺制标准化、规范化工作过程中涉及的项目宣讲、专题培训等需求，可指派相关专业律师提供相应法律服务，促使各部门、各单位能够进一步认识告知承诺制标准化、规范化成果，推动告知承诺制的有效实施。

【风险提示】

1. 根据不同项目单位的实际情况确定适合推行告知承诺制的职权事项。

2. 需建立相应的告知承诺制事后监管和考核评估机制，避免因监管缺位导致违规发生。

【预期效果】

协助政府机关建立健全告知承诺制标准化、规范化长效机制，提升依法行政水平和质量，有效推行“放管服”改革，优化营商环境。

违法建设查处执法规范化法律服务

付静文*

【服务对象】

镇街、城乡规划执法部门

【需求分析】

一、城乡规划全面纳入法治轨道，中央高度重视城乡规划管理、持续加大违法建设督查整改力度

改革开放以来，我国城市化、工业化进程加快，为合理、科学地实现高水平城市化建设，改善城市、乡村的生活条件和生产条件，至《城市规划条例》（已失效）实施，我国初步建立起覆盖城市、乡村的建设规划管理体系；2008 年 1 月 1 日《城乡规划法》正式施行，城乡规划管理全面进入法制化轨道。早期城乡建设过程中，土地规划督查管控机制尚不成熟，加之城乡建设发展过快，城乡规划建设中出现了一些不容忽视的问题，如违反城乡

* 文字整理人：付静文，政府法律服务部主办律师，法学硕士，长期从事政府法律服工作。主要领域涉及行政争议解决，土地一级开发与违法建设拆除合规管理、集体土地自主腾退方案设计与实施、政府重大决策法律风险评估、政府信息公开与信访工作规范化、政府采购规范化、规范性文件合法性审查、综合执法规范化等行政法律业务。

规划管理有关规定擅自批准开发建设、私搭乱建、违法用地等行为屡禁不止，严重影响了城乡建设的健康发展。

2000 年 3 月 13 日，国务院办公厅印发《关于加强和改进城乡规划工作的通知》（国办发〔2000〕25 号，已失效），明确要求加强城镇规划实施的监督管理、严格规划许可制度，各级人民政府要对其审批规划的实施情况进行监督检查，认真查处和纠正各种违法违规行为。2002 年 5 月 15 日，国务院印发《关于加强城乡规划监督管理的通知》（国发〔2002〕13 号），再次强调城乡规划和建设在社会主义现代化建设、国民经济持续快速健康发展中的重要地位，要求加强和完善城乡规划的法制建设，建立和完善城乡规划管理监督制度，形成完善的行政检查、行政纠正和行政责任追究机制，强化对城乡规划实施情况的督查工作。此后，中共中央、国务院印发《关于进一步加强城市规划建设管理工作的若干意见》、国务院印发《关于深化改革严格土地管理的决定》《关于加强土地调控有关问题的通知》等文件，均多次重申严格土地执法、加强规划管理、健全责任制度。在中央的高度重视下，自上而下全面加大城乡规划违法案件督查整改力度。

二、各级地方政府建立规划管控机制，将违法建设整治纳入行政监察与考核评价体系

2014 年 12 月 17 日，住房和城乡建设部印发《建设部利用遥感监测辅助城乡规划督察工作重大违法案件处理办法》，以遥感监测辅助城乡规划督察为依托，建立城乡规划重大违法案件约谈、移送、挂牌督办、公开通报等督察工作机制。为落实中央加强城乡规划管理决策部署，地方普遍出台地方性规范，进一步加强规划管理。以北京为例，北京市出台《北京市城乡规划条例》《北京市禁止违法建设若干规定》等地方性法规、规章。同时，各区按照北京市人民政府的《关于建立制止和查处违法用地违法建设联动工作机制的意见》要求，以遥感监测平台为依托，建立起违法建设巡查、制止和查处工作联动机制。除北京外，各地也纷纷出台规章政策，进一步落实工作责任

制，并将违法建设整治纳入行政监察与考核评价体系，违法建设整治工作已成为地方政府行政监察与考核评价重要指标。

2023年以来，湖南长沙“4·29”特别重大居民自建房倒塌事故、河南安阳市凯信达商贸有限公司“11·21”特别重大火灾事故、福建泉州市欣佳酒店“3·7”坍塌事故等重大安全事故，以及别墅私搭乱建、违规建设“巨型雕塑”等违法违规案件，暴露出地方对违法建设行为疏于监管、违法用地查处不到位等问题，相关部门及其工作人员因未认真履行规划管理职责已被严肃追责，教训深刻。2023年11月23日，自然资源部《关于加强和规范规划实施监督管理工作的通知》（自然资发〔2023〕237号），再次强调要加强监测评估和监督检查，切实加强国土空间规划实施和用途管制监督管理。可以预见，吸取重大安全事故和违法违规案件的深刻教训后，国家自然资源督察机构将对地方政府国土空间规划实施情况开展更加严格的督察，违法建设查处执法工作也将成为执法督查重点内容。

三、“多规合一”改革机制逐步成熟，违法建设查处执法已成为各地方政府常态化执法内容

近年来，随着“多规合一”改革，确立了国土空间规划在国家空间治理体系中的基础性地位，但违法建设问题仍较为突出。自然资源部办公厅《关于加强国土空间规划监督管理的通知》明确要求各地方加强规划实施监测评估预警，开展城市体检评估，市县自然资源主管部门向社会公开城市体检评估报告，省级自然资源主管部门要严格履行监督检查责任。并将国土空间规划执行情况纳入自然资源执法督察内容，加强日常巡查和台账检查，做好批后监管。对新增违法违规建设“零容忍”，一经发现，及时严肃查处；对历史遗留问题全面梳理，依法依规分类加快处置。在国家部委的督查下，违法建设查处已成为地方常态化执法的重要内容。

与此同时，全国范围内违法建设行政案件数量不断攀升，且行政机关败诉率居高不下，行政机关在违法建设类案件中的败诉率远高于其他类型案

件。行政机关往往因为了追求拆违速度和社会效果，执法过程中存在认定事实不清、拆除程序违法等诸多问题导致败诉，甚至因此引发高额行政赔偿。违法建设类案件通常历史背景复杂、涉及面广、涉及利益重大、矛盾容易激化，处理不当极易引发社会稳定风险，有损政府形象。为防范履职风险，执法部门有必要结合地方实际对违法建设查处执法进一步规范。

【服务程序】

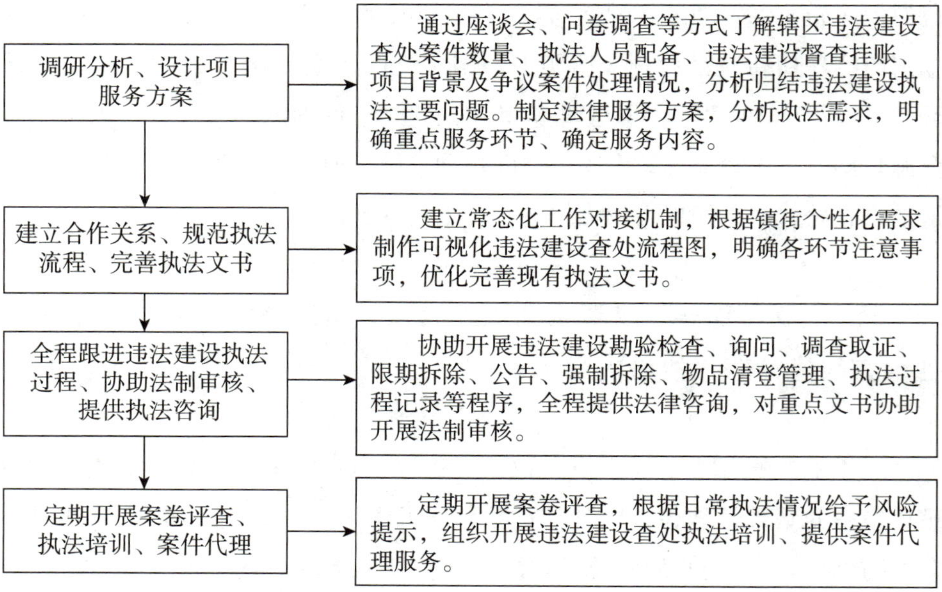

【服务方式】

违法建设查处执法规范化项目主要采取以下方式提供法律服务：

1. 实地调研。主动调研了解违法建设查处执法情况、案件类型及常见问题，制定前期服务方案。

2. 现场服务。现场指导勘验检查、调查取证、文书送达、强制拆除、物品处置等执法过程。

3. 实时沟通。建立固定沟通机制，通过电话、邮箱、网站、微信（群）等多种方式，及时与执法人员及相关负责人沟通、联系，提供法律咨询。

4. 研讨会商。参与重大、疑难案件会商研讨、拆违方案研判及法律风险分析。

【服务内容】

一、规范执法流程

根据违法建设查处执法程序，结合执法机关人员配备、分工、内部执法规范等情况，按照城市违法建设、乡村违法建设、已建成违法建设、在施新生违法建设不同程序要求，分类制定可视化执法流程，明确各环节工作要点。

二、优化完善法律文书

在现有法律文书基础上，针对常见类型违法建设优化法律文书模板、规范文书表述、补充辅助性文书样式。

三、提供行政执法日常法律服务

就案件提供有针对性的法律服务，包括行政执法文书法律审查；行政执法咨询；针对执法中存在的问题作出风险提示以及规范建议；针对日常行政执法投诉、举报等，提供处理建议。对于重大、复杂违法建设案件，律师可全程跟进执法过程，在调查取证、协查认定、限期拆除、强制执行等关键节点发挥指导作用，确保行政机关全面调查取证、准确认定违法建设主体、正确适用法律法规、正当履行执法程序，对于执法过程中可能出现的法律风险提前研判提示，防范法律风险。

四、开展案卷评查

定期开展案卷评查，结合日常执法服务及时发现违法建设执法中存在的问题，防控法律风险。定期组织开展经验交流，提高执法人员风险意识，提升执法技能。

五、开展行政执法培训

律师可结合违法建设查处法律服务经验及司法实践，总结执法工作经验，提供专业法律培训，提升行政执法相关工作人员法治素养，强化实操能力，优化执法水平。

六、行政复议及行政诉讼案件代理

违法建设涉及的行政复议、行政诉讼案件，律师可接受委托提供代理服务，内容包括但不限于案件分析、制定争议解决方案、证据梳理、答复/答辩文书准备、出庭应诉、行政调解等。

【风险提示】

1. 注意充分了解客户辖区城乡建设特点、存量违法建设历史背景，妥善解决历史遗留问题，避免引发重大社会稳定风险。

2. 结合执法人员配备及执法人员能力和水平，个性化制定服务方案，选择高效便捷的服务方式。

3. 把握违法建设实体认定、权利义务告知、物品清登、处置等关键节点，保障当事人合法权益，避免行政赔偿。

【预期效果】

一、严格规范违法建设查处程序，降低行政争议案件败诉风险

违法建设查处系镇街重点执法事项，执法办案数量日益增加，违法建设类案件已成为镇街行政争议案件的主要类型之一。其中部分执法决定或行政行为因程序不当、事实调查不清被撤销或确认违法，行政机关败诉率居高不下。前端介入执法，特别是在循序时间较长、流转关系复杂案件中，指导行政机关全面调查取证、严格规范违法建设查处程序，能够有效降低行政争议案件败诉风险。

二、细化强制执行流程，保障当事人合法权益，同时避免行政赔偿

违法建设往往建设成本高、房屋用途复杂，违法建设处置过程中，对于房屋本身、室内物品、可回收建筑材料、残渣等均可能引发高额行政赔偿。执行过程中做好流程控制、证据保存等工作，规范执法程序、充分保障当事人权利的同时，最大限度地降低行政赔偿风险。

专题五

土地开发利用规范化

土地一级开发法律服务

郑慧娟*

【服务对象】

行政机关及/或授权的一级开发实施主体

【需求分析】

一、土地资源优化配置需求增大

随着城镇化进程加快以及在土地资源优化配置、产业结构调整的政策引导下，近年土地一级开发项目数量增加，土地利用也渐趋多样化。

二、不同实施主体的开发模式所产生的法律责任不同

按照国家现行民事及行政等相关法律法规规定，土地一级开发实施主体可以是土地储备机构，也可以是经招标确定的开发企业。实施主体不同，相

---

* 文字整理人：郑慧娟，北京市易和律师事务所高级合伙人，党员。毕业于国家检察官学院法学专业，主要从事政府顾问业务，主要服务于各级政府及相关委办局，涉及业务主要包括集体土地征收拆迁、宅基地审批管理、业主大会及业委会成立、村（居）换届选举、行政履职、行政诉讼、民事争议调解以及企业日常法律风险防范等。

应形成两种不同的土地一级开发模式。以土地储备机构为实施主体，则土地储备机构作为法律主体筹措资金，办理规划、项目核准、征地拆迁和大市政建设等手续，组织实施本项目土地开发；以开发企业为实施主体，则土储备机构将与开发企业签订土地一级开发委托协议，由开发企业负责筹措资金，办理规划、项目核准、征地拆迁和大市政建设等手续并组织实施。

在现行政策和法制体系下，实施主体不同，相应的法律定性和法律责任亦不同。土地一级开发尤其征收/拆迁工作因实施主体不同，实施模式不同，将产生不同的法律后果。我们在为一级开发项目提供法律服务过程中，开创和设计了根据项目的具体情况及实施预测，在项目前期提供策划及方案，并进行比对分析，协助开发主体进行优化选择等法律服务（包括但不限于科学确定土地一级开发实施主体、协助编制土地一级开发实施方案等）。

三、《土地管理法》规定的“房地一体”的开发模式对开发主体提出新要求

目前，北京市各区集体土地大多按照《北京市集体土地房屋拆迁管理办法》（北京市人民政府令第124号）的要求，采用“房地分开”的工作模式，由用地单位取得拆迁许可后实施拆迁。

2019年8月26日修正的《土地管理法》第四十八条第二款规定，“征收土地应当依法及时足额支付土地补偿费、安置补助费以及农村村民住宅、其他地上附着物和青苗等的补偿费用，并安排被征地农民的社会保障费用”，由此明确了征收土地时对其上的住宅一并补偿的“房地一体”的征收原则。《土地管理法》实施后，为做好政策衔接工作，北京市规划和自然资源委员会也向各区人民政府印发了《关于农用地转用和土地征收管理有关问题的函》（京规自函〔2020〕332号），函中进一步明确了《土地管理法》实施后北京地区集体土地征收相关工作要求，不再将集体土地征收工作区分为土地征收和房屋拆迁两部分，而是将房屋拆迁纳入征地工作流程，土地所有权人、使用权人持不动产权属证明材料办理补偿登记后即可签订征地补偿

协议。

在“房地一体”的征收模式下，政府间各方主体责任如何划分、自主腾退方式与征收程序如何衔接、补偿项目和标准如何设定等问题亟须明确解决，对政府提出了新的要求。

【服务程序】

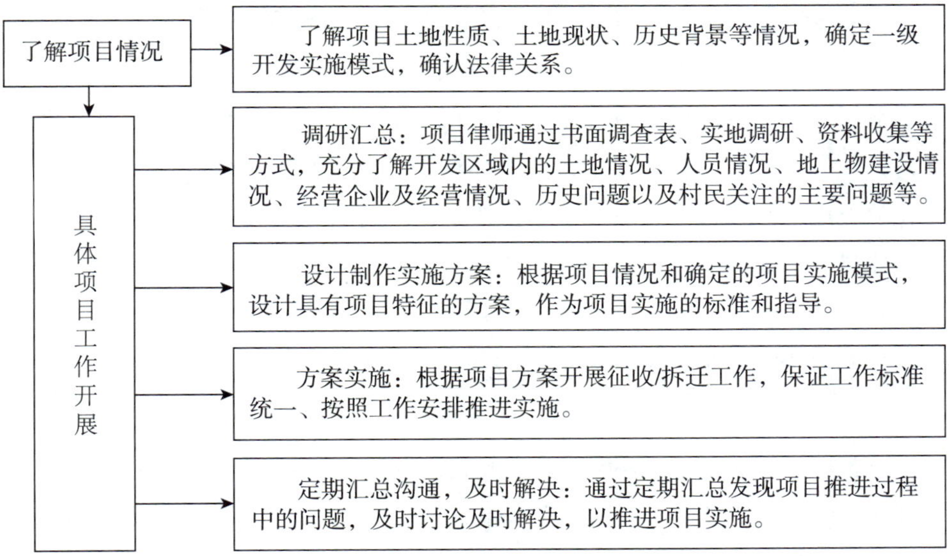

【服务方式】

1. 主动式服务。为确保能够及时解决项目中出现的法律问题，建立顺畅的沟通机制，使客户的服务需求得到及时反馈，项目律师将提供建设性、前瞻性的法律意见和服务，并与客户建立固定窗口、提供跟踪服务。

2. 专业化分工。土地一级开发项目实施过程中会涉及土地管理、婚姻继承、合同争议解决等不同领域的法律问题，律所将结合项目特点和项目涉及的问题，指定符合项目需要的专业律师参与项目工作，保证服务的专业性。

3. 团队合作。土地一级开发项目涉及文书制作、问题咨询、驻场等法律服务事项，需多名律师共同配合完成。律所将配备由专业律师组成的法律服务团队，保证服务的团队化，实现沟通、联系、咨询及文书传递的及时和连续性。

【服务内容】

一、参与土地一级开发项目的前期策划及方案制订

根据项目的具体情况及实施预测，在土地一级开发项目前期提供策划及方案，并进行比对分析，协助开发主体优化选择，科学确定实施主体。并参与有关土地一级开发委托合同内容的洽谈，把握合同关键条款，提供法律意见和建议，最大限度地防范法律风险。

二、设计土地一级开发实施方案

结合项目情况和征收/拆迁实施模式设计土地一级开发实施方案，帮助一级开发实施主体优化设计和选择合作方式、运作模式，及时确定关键环节及具体事项的方案制定形式，合理定位立项及规划，科学设计可裁量或把控的时点、时限、工作流程、责任分工等，以优化方案实施的可操作性、优异性及实效性。

三、协助申报土地一级开发前期手续

协助实施主体制作和报送各类申请文件，向行政机关办理用地等相关手续。

四、策划与实施土地一级开发项目征收/拆迁工作

根据项目实施方案，参加相关工作会议，提供相关律师意见和建议，出具相关法律文书，并根据需要在项目实施中提供现场法律服务，指导争议事项的合法合规解决，参与沟通谈判等。

五、设计制作相关法律文书

为规范征收/拆迁操作，预先为日后可能发生的纠纷、争议留存必要的证据，从而使征收/拆迁主体在征收/拆迁工作及后续事项中占据主导地位，征收/拆迁项目中需要统一制作规范的、变通的操作流程及配套文书和文书范本。律所科学设计制作征收/拆迁实施中的通知、公告等法律文件及个案处理的相关文件等。

六、协助进行房/地上他项权利清理和处理非法用地、违法建设行为

为依法高效推进土地一级开发项目开展，律所协助实施主体全面梳理项目所涉房/地上他项权利，结合个案不同情况，分别研究制定相应的处理建议，利用民事、行政等多种手段，促进他项权利和障碍的清理排除。

七、土地上市前土地整理及市政基础设施建设相关工程合同的审查和履行管理

1. 设计合同履行各环节所需提交的流程性法律文件；

2. 参与施工过程中发生的设计变更、工程量变更、施工组织方案调整等重大问题处理方案的制定并提供法律意见；

3. 设计施工合同的解除方案、退场方案，并参与结算谈判；

4. 参与劳务纠纷、工程造价纠纷、质量纠纷的处理；

5. 参与施工、监理、设计、勘察等合同的审查和履行过程中的管理；

6. 索赔纠纷的调处并代理相关诉讼、仲裁。

八、土地上市交易过程中的法律服务

协助实施主体办理土地一级开发完成后上市交易相关手续及出具相应法律文件，如实施主体未取得开发地块的使用权，则协助其与开发地块的受让人签订土地储备开发补偿合同，收回土地储备开发成本。

【风险提示】

一、律师执业风险

1. 收集土地审批手续、项目审批资料，结合项目审批情况、政府对项目实施的整体定位及法律法规等设计项目方案，避免因项目情况了解不全面导致项目方案设计的方向性错误。

2. 在土地一级开发实施过程中，律师仅向被拆迁人/征收人提供对法律规定的解读及对涉及法律问题事项的处理意见，不对历史遗留问题进行解释。

3. 项目实施过程中对个性化事件的处理，应符合法律法规的规定，并与整体项目方案相匹配，否则不利于项目的整体推进和实施。

二、项目存在风险

1. 一级开发前期策划是一级开发项目实施的根基和基础，结合项目情况、土地性质依法确定土地一级开发模式，防止发生方向性、原则性错误。

2. 项目实施过程中的关键环节和关键节点要及时进行汇总，项目工作人员定期汇报工作，发现问题，及时讨论，及时解决。

3. 建设工程合同中，应重点关注施工安全、过程性沟通、施工管理等问题，通过完善的工程管理防范法律风险。

【预期效果】

1. 通过项目策划，实现实施方案的优化升级，建立具有全局性和重点突出的机制，是保障项目工作顺利开展的基础。

2. 通过项目合法合规工作的全过程跟踪，可以实现有效规避、防范法律风险的效果。

3. 通过项目律师的现场服务，有效提高项目实施效率，依法解决项目实施难题，同时也可以提高政府的公信力。

集体土地自主腾退法律服务

郑慧娟*

【服务对象】

基层政府、村委会

【需求分析】

党的十九大会议提出要把人民对美好生活的向往作为奋斗目标，并提出发展是解决我国一切问题的基础和关键，推动城镇化、农业现代化同步发展。伴随着城镇化和市场机制的完善，农村和城镇的居住水平、生产生活条件差距越来越大，规划散乱、私搭乱建等情况激增，极大地影响了村民的生活水平。为改善村民的生产生活条件，满足村民日益增长的生活环境需求，在充分尊重村民自主性的基础上，开展集体土地自主腾退法律服务，由村民自主自愿实施腾退工作，保障集体土地权益，提高集体土地利用效率，是深入贯彻党的十九大精神，加快推进农业农村现代化，提升乡村人民生活质量的重要举措。

---

* 文字整理人：郑慧娟，北京市易和律师事务所高级合伙人，党员。毕业于国家检察官学院法学专业，主要从事政府顾问业务，主要服务于各级政府及相关委办局，涉及业务主要包括集体土地征收拆迁、宅基地审批管理、业主大会及业委会成立、村（居）换届选举、行政履职、行政诉讼、民事争议调解以及企业日常法律风险防范等。

律师通过参与集体土地自主腾退项目，对项目现状及自主腾退各环节进行分析、设计，协助相关政府部门履行监督、指导职责，由腾退主体依据国家有关法律、法规和腾退方案，与被腾退主体签订腾退补偿协议，完成集体土地的腾退，实现土地提供方和利用方的利益最大化，避免政府行政法律风险。

【服务程序】

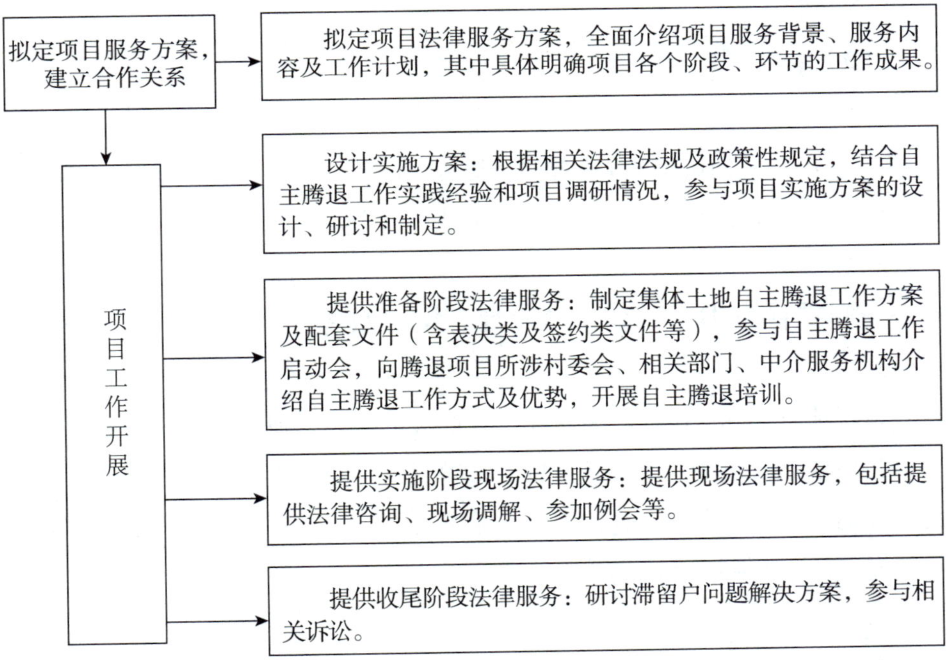

【服务方式】

集体土地自主腾退法律服务项目主要采取以下方式提供法律服务：

1. 主动式服务。律师将通过会议、电话、邮箱、微信（群）、现场等多种服务方式，及时向基层政府、村委会、村民及工作人员提供法律咨询，并出具相应法律意见。

2. 团队化分工。为满足向客户提供高度专业化法律服务的目标，律师事务所将结合实际情况，组建项目专业律师团队，提供专项法律服务，由在腾退项目领域具有专长的合伙人负责统筹安排，参与重大事项的决策、方案论证及谈判，对复杂、疑难法律问题及时进行集体“会诊”。

3. 提供现场法律服务。根据腾退工作需求，委派包括行政法专业、婚姻法专业、继承法专业等领域律师参与和被腾退人沟通、调解，必要时主动进村入户，加强与村民的交流，并就疑难问题提供法律咨询、调解，促进村民签约腾退。

【服务内容】

集体土地自主腾退法律服务项目律师团队将定期、深入了解腾退范围内的实际情况，结合各方需求，提供以下法律服务。

一、提供方案及配套文件设计、拟制服务

根据项目实际情况及相关法律法规政策的规定，研究入户清登结果、宅基地管理情况及被腾退人诉求，协助拟定腾退项目报批方案及配套文件，协助设计集体土地自主腾退补偿安置实施方案、宣传手册、申请审核表、腾退补偿安置的各类协议及配套文件。

二、开展腾退工作培训

对基层政府、村“两委”工作人员开展自主腾退培训，帮助腾退工作人员建立自主腾退法律意识，熟悉自主腾退工作流程及方案。

三、审核项目实施过程所涉法律文书

起草、审查、完善自主腾退过程中涉及的拆迁、测绘、评估、拆除等中介服务合同及其他过程性文件。

四、参加例会及专项事宜处理会议

参加项目例会以及专项事宜处理会议，根据拆迁服务公司提供的入户调查基本资料，梳理基本法律关系及相关权利，采用参加会议、出具书面法律意见等方式为腾退过程中遇到的实体性、程序性疑难问题提供法律意见和建议，进行法律风险分析和提示。

五、解答法律咨询

根据腾退工作需求，委派专业律师参与被腾退人的认定工作，降低工作人员因对被腾退人认定错误而产生的法律风险。提供法律咨询工作，参与和被腾退人的沟通、调解，制定法律文书，有效促进被腾退人签约腾退。

六、化解矛盾纠纷

如项目实施过程中发生投诉、信访、信息公开事宜，影响腾退项目有序进展，律师将结合项目情况回复相应疑问和投诉。如发生诉讼事宜，将结合案件情况提供专项诉讼法律服务。

七、解决遗留户问题

律师现场工作结束后，将结合遗留户特殊情况和主要诉求，参与研讨会议，提供法律建议，根据研讨结果与被腾退人进行调解，设计制定遗留户腾退方案，协助解决遗留户问题。

【风险提示】

1. 补偿方案制定的法律风险。以村集体作为自主腾退项目实施主体，自主选择性更大。为避免村集体随意制定补偿政策，基层政府要加强对自主腾退工作的监督指导。补偿安置方案既要结合广大村民实际情况，又要原则符合本地区拆迁补偿政策。

2. 未依法履行民主表决程序的法律风险。村集体自主腾退工作必须经民主表决通过后方能实施，行政机关不能单纯以指令、命令或委托的方式，要求村集体实施拆迁行为，否则容易引发行政诉讼风险。

3. 未依法妥善处理信访、信息公开申请等事项的法律风险。在腾退项目推进过程中，可能存在村民提出的投诉、信访以及信息公开申请等诉求，如未依据法律给予解答和处理，易引发行政诉讼风险。

【预期效果】

1. 律师参与集体土地自主腾退法律服务项目符合法律法规的规定，通过参与前期策划、补偿方案设计、配套文书制作、沟通调解、现场值班答疑、涉诉涉访事宜处理等方式，最大限度地防范和减少法律风险，保障项目有序推进。

2. 通过法治宣传、法律业务培训，提高村民的法治意识，提升腾退工作人员的依法进行腾退的意识，创新工作方法，减少投诉信访情况，降低乡镇政府的维稳风险。

3. 及时解答村民咨询的邻里纠纷、婚姻家庭、监护、财产分配、遗产继承等法律问题，推动项目签约工作。

4. 在方案设计过程中，将村民的意见与需求纳入方案中，在项目实施过程中，引入村落文化，创新宣传方式，提升村民对未来美好家园的向往，增强村民的获得感。

5. 律师团队通过现场调研、合法性分析和整体设计，保障项目实施的实体和程序合法，降低行政机关的法律风险，最大限度地为村民争取合法权益。

国有土地上房屋征收全过程法律服务

李效峥*

【服务对象】

政府征收部门

【需求分析】

2011年1月21日《国有土地上房屋征收与补偿条例》（国务院令第590号）颁发实施，2001年6月13日国务院公布的《城市房屋拆迁管理条例》同时废止。新条例对征收主体、对象、程序、补偿标准等进行了明确规定，国有土地上房屋征收与补偿活动进一步规范，同时也对各地政府开展国有土地上房屋征拆工作提出了新的要求。征收模式与拆迁模式的区别、各环节之间如何衔接、每个阶段的工作要求等问题，均成为各地政府征收部门面临和亟须解决的重点和难点。

---

* 文字整理人：李效峥，政府法律服务部主办律师，中共党员，国际法学硕士，主要执业领域为政府法律顾问业务。长期为政府提供法律服务，擅长业务领域包括信息公开、涉法信访、违法建设查处、征收拆迁、政府采购、招投标事项处理等。服务客户包括体育、住建、发展和改革以及街乡镇政府等。

【服务程序】

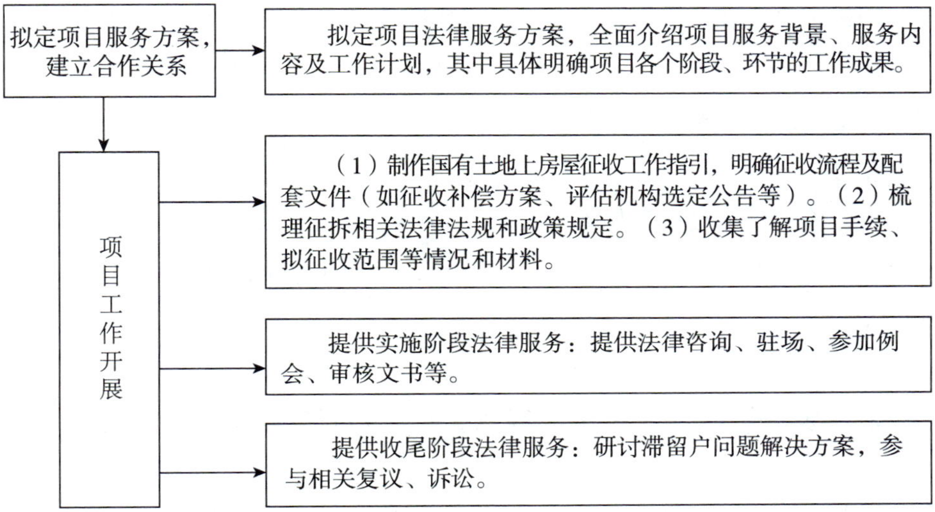

【服务方式】

国有土地上房屋征收全过程法律服务项目主要采取以下服务方式：

1. 主动式服务。律师将通过会议、电话、邮箱、微信（群）、现场等多种服务方式，及时向政府征收部门分析项目情况、推荐优化路径，并提供全过程法律咨询，出具相应法律意见。

2. 团队化分工。律师事务所将结合实际情况，组建项目专业律师团队，提供专项法律服务，由在征拆项目领域具有专长的合伙人负责统筹安排，参与重大事项的决策、方案论证及谈判，对复杂、疑难法律问题及时进行集体“会诊”。

3. 提供现场法律服务。根据征收工作需求，委派包括行政法专业、婚姻法专业、继承法专业等领域律师参与和被征收人沟通、调解，必要时会同入户清登，加强与被征收人的交流，并就疑难问题提供法律咨询、调解，促进被征收人签约。

【服务内容】

提供国有土地上房屋征收全过程法律服务，主要包括以下服务内容。

一、梳理征拆法律法规

全面梳理、汇总征拆相关的基础、评估、执行等法律法规和政策规定，形成征拆法律法规汇编，为有序开展国有土地上房屋征收工作提供法律依据。

二、设计征收工作指引，规范征收流程和配套文书

根据法律法规和政策规定，按准备、实施、收尾三个阶段分别设计征收工作流程，同时结合实践明确各个环节的工作内容、工作主体、法律依据条款，以及开展该项工作的注意事项和要求。为提高工作效率、防范法律风险，我们可设计制作各个环节工作涉及的申请表、通知公告、方案等配套文书。最终编订成国有土地上房屋征收操作指引，为征收部门工作人员提供一套工作指南。

三、提供全流程法律咨询服务

在开展国有土地上房屋征收工作过程中会涉及补偿对象认定、地上权利清理、中介机构选定、文书送达等问题，我们可通过沟通会、电话、微信等方式为客户提供全流程法律咨询服务，就涉及的相关问题提出专业法律意见和建议，并可为客户审查拟出具的征收补偿方案、征收决定、征收补偿协议等文书，协助客户妥善处理重大疑难问题，有效防范征收法律风险。

四、驻场法律服务

根据客户需要提供驻场法律服务，与审计公司、评估公司、拆除公司等其他中介服务机构协同配合，协助征收部门进行协议谈判、法律咨询等工作。

五、案件代理服务

针对被征收人或利害关系人就征收项目提出的行政复议、行政诉讼，我们能提供案件代理服务。由于全程参与项目，可迅速了解案件情况并掌握证据材料。

【风险提示】

1. 首先需查看明确项目地块是否属于国有土地，并了解征收手续办理、拟征收范围等项目情况。

2. 严格按照国务院令第590号文履行国有土地上房屋征收程序，规范制作全流程文书，留存入户调查、评估等全过程材料，避免后续进入司法程序陷于被动地位。

3. 对于不配合征收工作的被征收人，由于行政复议、诉讼和强制执行的时限较长，需考虑、提供违建查处、谈判促征等多种解决路径，避免征收工作陷入僵局。

【预期效果】

1. 通过律师为国有土地上房屋征收项目提供全过程法律服务，确保征收工作的合法性，规范流程和文书，防范法律风险。

2. 通过律师参与征收谈判、调解工作，促进征收人与被征收人达成补偿协议，顺利推进项目实施。

集体土地租赁住房规范建设

张君艳*

【服务对象】

农村集体经济组织、国有企业、民营企业

【需求分析】

2013 年 11 月 12 日，中共中央印发《关于全面深化改革若干重大问题的决定》，明确建立城乡统一的建设用地市场。在符合规划和用途管制的前提下，允许农村集体经营性建设用地出让、租赁、入股，实行与国有土地同等入市、同权同价。缩小征地范围，规范征地程序，完善对被征地农民合理、规范、多元保障机制。扩大国有土地有偿使用范围，减少非公益性用地划拨。建立兼顾国家、集体、个人的土地增值收益分配机制，合理提高个人收益。完善土地租赁、转让、抵押二级市场。

在此基础上，利用农村集体经营性建设用地建设租赁住房，可以增加租赁住房供应，缓解住房供需矛盾，有助于构建购租并举的住房体系，建立健

---

* 文字整理人：张君艳，北京市易和律师事务所商事部主办律师，法学学士学位。法律基础扎实，从事民商事诉讼及非诉业务，主要涉及房地产领域相关工作，包括建设工程项目、物业管理、业主大会及业委会成立运行、自主腾退及拆迁安置项目相关法律服务和企业常年法律顾问相关法律服务。

全房地产平稳健康发展长效机制；有助于拓展集体土地用途，拓宽集体经济组织和农民增收渠道；有助于丰富农村土地管理实践，促进集体土地优化配置和节约集约利用，加快城镇化进程。

2017 年 8 月 21 日，原国土资源部、住房和城乡建设部印发《利用集体建设用地建设租赁住房试点方案》，在北京、上海等 13 个城市开展利用集体建设用地建设租赁住房试点。

2017 年 10 月 31 日，北京市规划和国土资源管理委员会印发《关于进一步加强利用集体土地建设租赁住房工作的有关意见》，明确北京市利用集体土地建设租赁住房的指导思想和基本原则、政策措施、保障机制与措施。

由于集租房项目存在实施周期长，涉及的主体和环节多，融资压力及实施难度大，涉及的领域广，现行法律法规政策不完善等问题，且每个项目均具有其特殊性，为保障集租房项目的顺利实施，需结合每个项目的特点提供有针对性的法律服务。

【服务程序】

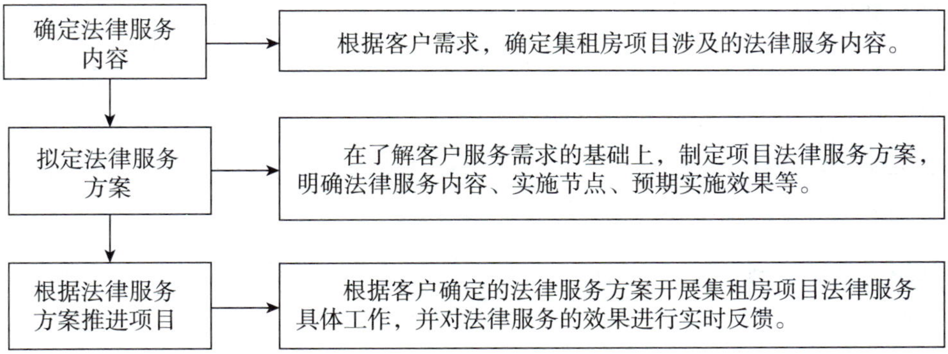

【服务方式】

1. 归纳梳理现行法律法规政策。全面梳理国家和地方涉及集体土地租赁住房的法律法规和政策规定。

2. 实时沟通，全过程跟踪服务。通过电话、邮箱、网站、微信（群）等多种方式，及时与项目单位负责人员沟通、联系，及时解决工作开展过程中遇到的疑难问题和矛盾，及时报告、调整工作方案和成果。根据项目推进情况，开展相应辅助性的法律服务工作，参加项目相关疑难问题的论证、研讨、调查，制作项目汇报 PPT 和书面汇报文件。

3. 团队式服务。结合实际情况，本律师事务所组成项目组，对复杂、疑难法律问题及时进行集体“研讨会诊”。

【服务内容】

一、项目启动阶段法律服务

1. 项目前期法律咨询服务与可行性分析。了解客户需求，配合调查问卷，对项目土地供应、开发模式、资金来源、市场需求、运营管理等各环节法律风险进行评估等。

2. 项目评估法律意见。针对项目存在的障碍、法律风险，出具法律意见及处理路径，设计合作方案等。

3. 项目实施方案设计。集租房项目开发模式包括集体经济组织自主开发、与国有企业合作开发、以项目经营权出租的方式与社会资本合作开发、集体建设用地使用权流转等方式，我们将结合项目情况及客户需求设计项目实施方案，主要内容包括项目名称、建设地点、用地面积与四至范围、土地利用现状及规划情况、项目申报主体、资金来源、运营模式以及项目推进计划等。

4. 项目工作方案设计。明确项目工作目标、工作原则、工作要求、工作安排、工作流程、工作制度、职责分工、责任落实等。

5. 民主决策程序、企业内部决策程序法律咨询服务与配套文件制作。就履行村民主决策、公司决策程序等问题提供法律咨询，并协助设计制作会议通知决议等配套文件。

6. 不同开发模式的个性化法律服务。针对不同开发模式下客户的实际需求提供个性化法律服务。

二、项目建设阶段法律服务

1. 建设工程招投标法律服务。拟定、审查招标代理合同；审查招标文件，并出具法律意见书；提供建设工程项目招投标法律咨询服务；审查与中标单位签署合同的合法性、规范性；参与合同签订过程中的谈判与磋商等。

2. 建设工程施工管理法律服务。协助起草、审查、修改项目各项管理规章制度；起草、审查工程施工过程中的各类法律文件；针对建设工程施工管理提供法律培训或讲座；参加建设工程施工过程中的洽商、协调等会议；制作工程重大变更问题处理方案及法律意见；为工程纠纷提供法律建议或意见并协助处理；对施工合同履行过程提供法律意见；参与工程竣工验收并提供相关法律咨询；施工合同解除、退场方案设计并参与结算谈判；参与工程结算、协调处理工程结算纠纷等。

3. 建设工程索赔与反索赔法律服务。提示委托方可提出索赔或反索赔的事项与路径；指导索赔事宜有关证据材料的收集、整理；审查索赔或反索赔证据的形式和内容；协助设立证据台账、编制证据目录、建立证据档案；参加索赔或反索赔；参加与索赔或反索赔有关的仲裁或诉讼等。

三、项目运营管理阶段法律服务

1. 租赁管理法律服务：法律咨询服务；项目运营管理方案设计；工作流程设计；现场法律服务等。

2. 物业法律服务：前期物业管理服务；物业管理日常法律服务；物业服务纠纷解决等。

3. 社区治理法律服务：参与社区自治管理、提供法律咨询服务；社区自治管理章程设计；社区居民公约设计；建立社区党建制度；建立社区服务制度；配套制度体系建立；提供法律咨询、宣讲法律知识、解答法律问题；提供新法新规速递；提供法律知识专题讲座等。

【风险提示】

利用集体经营性建设用地建设租赁住房项目根据各地的政策要求不同，存在不同的合作模式，需结合客户的需求在政策允许的范围内设计合作模式。

【预期效果】

通过研究国家、地方相关法律法规政策、了解目前已经取得良好效果的集租房项目，认真汇总在集租房项目实施过程中存在的重点、难点问题，针对客户的需求，为客户集租房项目的启动阶段、建设阶段、运营管理阶段提供全方位法律服务，为客户集租房项目的顺利实施和完成提供法律支撑。

镇级（股份）经济合作联合社的设立及规范化调整

马　荣*

【服务对象】

乡镇人民政府、街道办事处

【需求分析】

“三农”工作重心已经历史性转向全面推进乡村振兴，2021 年 6 月 1 日《乡村振兴促进法》正式施行，明确规定了国家建立健全中央统筹、省负总责、市县乡抓落实的乡村振兴工作机制。党的二十大以来，习近平总书记对实施乡村振兴战略做出一系列深刻阐述，党中央、国务院高度重视实施乡村振兴战略并采取一系列重大举措推动落实。2022 年 12 月中央农村工作会议进一步提出优化利用农村集体土地资源，大力支持农村盘活存量建设用地。

然而，当前农村集体土地资源开发利用过程中，经济基础薄弱、发展动力不足、利用模式单一、土地资源分散、运营管理能力差、经济效益低等问题亟待解决。乡镇人民政府、街道办事处等基层政府如何发挥统筹主抓、协

---

* 文字整理人：马荣，北京市易和律师事务所商事部主办律师，中共党员，中国社会科学院大学法律硕士。服务领域为公司类业务、文创类业务、商业租赁类业务、企业园区运营类业务。

调指导的作用；如何通过整合规划提升农村集体土地资源开发利用的效益，从而推动农村产业转型升级，是现阶段面临的主要问题。

镇级（股份）经济合作联合社（以下简称镇级联社）无疑为此提供了解决思路。作为乡镇农村集体经济组织，镇级联社以辖区内全部村股份经济合作社为团体社员，是发展壮大农村集体经济、促进共同富裕的重要主体，是健全乡村治理体系、实现乡村善治的重要力量。

通过设立镇级联社或对镇级联社进行规范化调整激活，乡镇人民政府、街道办事处等基层政府将建立统筹、引领各村集体经济组织的有力抓手，打破“各自为战”的发展格局，充分整合农村集体经济资源，平衡集体经济资源公平配置与高效利用，统筹规划镇街集体经济发展方向，实现对农村集体经济资源的集约化、规模化、精细化的开发利用，助力农民增收，实现乡村振兴。

【服务程序】

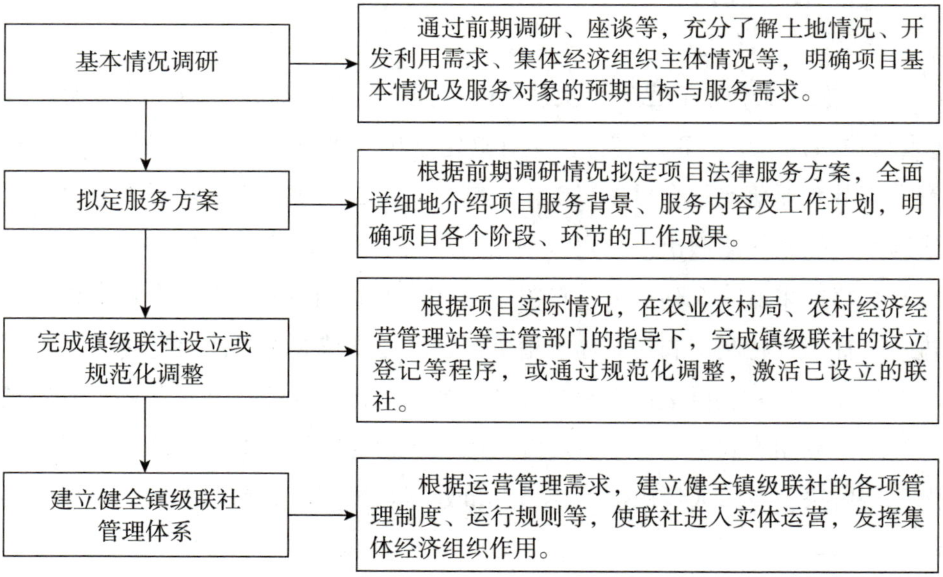

【服务方式】

1. 实地调研。律师团队主动深入项目单位进行实地调研，与相关工作人员座谈交流，了解乡镇区域内农村集体经济发展现状及发展规划，明确项目背景及服务需求。

2. 法律法规政策梳理。全面梳理国家及项目所在地关于农村集体经济发展、乡镇集体经济组织管理的法律法规和政策规定，依法依规开展项目工作。

3. 专业化、团队式服务。结合实际情况，由本律师事务所各领域专业化律师组成项目组，对复杂、疑难法律问题进行多角度分析，形成综合解决方案。

4. 全过程跟进，主动式服务。通过线上及现场等多种方式与项目单位及相关负责人员沟通，全过程跟进项目，及时解决工作开展过程中遇到的疑难问题和矛盾，主动针对项目特点对服务方案进行设计、调整。

【服务内容】

一、镇级联社设立或规范化调整法律服务

乡镇及街道进行联社的设立或规范化调整服务，主要包括配合协调相关部门办理登记备案手续、组建内部机构、履行决议程序、起草全部所需配套文件等，保障镇级联社依法依规建立和激活。

1. 协助尚未设立联社的镇街在区农业农村局、区农村经济经营管理站办理镇级联社的设立登记，并领取集体经济组织法人证书；

2. 协助已经设立联社的镇街在区农业农村局、区农村经济经营管理站办理镇级联社的名称、形式、负责人等变更登记，更换集体经济组织法人证书；

3. 根据各村集体经济组织及项目开发建设实际情况，设计镇级联社社

员资格确认、权益量化及利益分配的方案；

4. 根据镇级联社的社员构成情况及管理需求，起草章程，明确镇级联社的组织结构及经营管理原则；

5. 指导、协助镇级联社各团体社员完成社员代表选举，并起草委托书等相关文件，完成镇级联社社员代表大会前期准备工作；

6. 指导、协助镇级联社召开社员代表大会，完成管委会（或理事会）、监委会、社长等的选举，并起草相关决议、任命书等各类配套文件。

二、镇级联社规范化运营法律服务

实现镇级联社规范化管理，需完善镇级联社的自身的决策治理体系，明确内外部决策程序，建立健全各项管理制度，为镇级联社实体运行划定轨道、打好基础。

1. 为镇级联社起草社员代表大会、管委会（或理事会）、监委会的议事规则，“三重一大”重大事项决策重要干部任免、重大项目投资决策、大额资金使用制度，以及社长等管理层的职责权限等内部决策制度；

2. 为镇级联社起草人事、财务、投资、合同管理、所出资企业监管等运营管理制度，建立规范化业务流程；

3. 明确镇街基层政府对镇级联社的监督管理职责及权限，并起草管理办法、事项清单、审批表单等相关文件，保证与镇级联社内部制度的配套衔接；

4. 根据农村集体经济发展项目的特点以及区域产业发展的需求，为镇级联社进行商业模式设计。

【风险提示】

1. 各区域对农村集体经济组织的政策规定可能有所差异，需根据当地实际情况设计乡镇集体经济发展主体。

2. 不同区域农村集体经济发展的特点以及发展规划不同，需根据实际情况进行服务方案设计。

3. 需根据不同集体经济项目的特点设计完善相应的制度规范。

【预期效果】

通过项目实施，协助镇街基层政府依法设立或调整镇级联社，全面建立健全镇级联社运行、经营、管理的规章制度体系，实现规范化管理；同时，根据农村集体经济发展项目特点以及区域产业发展需求进行商业模式设计，使镇级联社真正活起来、动起来，发挥统筹、协调、整合区域农村集体经济发展的重要作用，激发区域集体经济发展活力，全面推进乡村振兴工作。

集体土地经营权流转与集约化经营管理

于立婷*

【服务对象】

区县和乡镇政府、农村集体经济组织

【需求分析】

中共中央办公厅、国务院办公厅《关于引导农村土地经营权有序流转发展农业适度规模经营的意见》、原农业部《关于扎实做好 2015 年农业农村经济工作的意见》等文件多次强调，要在尊重农民意愿的基础上，创新土地经营权流转和规模经营方式，积极探索适度规模经营的多种有效形式，稳定农户承包权，放活土地经营权，以家庭承包经营为基础，推进家庭经营、集体经营、合作经营、企业经营等多种经营方式共同发展。

在农村基层党组织的领导下，充分发挥村民自治优势，积极稳步推进农村土地经营权流转、进行集约化经营管理，有助于切实保障广大村民的合法权益，对改善农村生产生活环境，有效提升村民生活水平具有积极意义和作用。

---

* 文字整理人：于立婷，政府法律服务部主办律师，国际法硕士，中共党员，主要从事行政领域的诉讼及非诉业务，专注于为政府提供法律服务。

【服务程序】

前期准备	成立土地经营权流转工作组，摸底调查，设计、制定区县、乡镇、村土地经营权流转工作方案及配套文书。
提交申请阶段	协助组织进行流转申请，咨询解答、答疑、论证。设计、制作申请阶段法律文书，协助进行民主程序，表决公示。
入户核验阶段	在土地面积测量、地上物评估、对测绘成果和评估成果进行审核过程中，处理所涉及的法律问题。
签订协议阶段	协助组织签订土地经营权流转协议及配套文件并予以公示，根据个性化需求调整、设计、制作法律文书。
后续经营阶段	协助设计合作经营模式，厘清法定程序，设计配套法律文书并协助实施。

【服务方式】

集体土地经营权流转与集约化经营管理项目主要采取以下方式提供法律服务：

1. 主动式服务。主动进村入户，加强与村民的沟通交流，及时、便捷为村委会和村民提供法律服务。

2. 进村实地调研。律师团队主动进村进行实地调研，与村两委及其他村干部沟通交流，了解各村实际情况。

3. 座谈研讨。多次举办座谈会和讨论会，分析各村承包土地情况，设计经营权流转方式。

4. 团队难点分析。结合实际情况，本律师事务所以集体土地经营权流转与集约化经营管理项目律师提供法律服务为主，律师事务所其他律师组成团队提供法律服务为辅。对复杂、疑难法律问题及时进行集体“会诊”。

【服务内容】

1. 通过阅读资料、参加会议等方式了解项目概况、收集项目资料，分析法律问题，有针对性地设计镇集体土地经营权流转与集约化经营管理工作指导意见；

2. 制作镇集体土地经营权流转与集约化经营管理工作指导意见及其附件；

3. 参与镇集体土地经营权流转与集约化经营管理工作指导意见研讨，针对指导意见制定和实施过程中的有关问题提供咨询解答；

4. 针对各村实际情况，设计制作各村土地经营权流转与集约化经营管理项目实施方案及其配套法律文书；

5. 参与各村实施方案研讨，针对实施方案制定和实施过程中的个性问题提供咨询解答；

6. 项目实施过程中，提供律师驻场答疑及制作所需常规法律文书服务。

【风险提示】

1. 律师在提供法律服务过程中，必须结合各村实际，切忌生搬硬套方案模板，针对各村存在的各项问题，要提出具体可行的解决措施，设计、制作符合各村客观实际的实施方案及相关法律文书。

2. 服务对象在开展项目过程中，必须遵循依法、自愿、有偿的原则，充分尊重农民意愿，广泛听取群众意见，尊重农民群众民主决策、民主管理、民主监督的权利。在土地后续利用过程中不得改变土地所有权的性质和土地的农业用途。

【预期效果】

将村民承包土地经营权流转至村集体，由村集体统一经营并将所得收益分配给村民，不仅有利于提高承包土地的利用率，实现规模化经营，改善农村的环境和设施条件，同时也有助于实现农村生产力要素的有机整合，有利于农村土地规范化管理，保障农民生活水平可持续提升，能够取得良好的社会效益和经济效益。

回迁房屋安置和交付法律服务

郑慧娟*

【服务对象】

行政机关及/或房屋安置工作实施主体

【需求分析】

随着近年土地上市政策收紧，政府主导实施的土地一级开发项目数量增加。在一级开发过程中，房屋安置已经成为回迁人和被安置人均十分关注的关键环节。

回迁安置房屋在房屋性质、收房主体、争议解决、物业管理、长远规划等方面均具有其特殊性，社会影响广泛。回迁安置房是涉及被安置人切身利益的重要财产，从现有情况来看，回迁安置房引发的争议量大、矛盾尖锐、涉及主体多。在房屋交付环节做出有效处理，可以实现规范优化工作程序、合法合规解决争议、防控降低社会风险、合理预期、长远规划，提高政府公信力。

---

* 文字整理人：郑慧娟，北京市易和律师事务所高级合伙人，党员。毕业于国家检察官学院法学专业，主要从事政府顾问业务，主要服务于各级政府及相关委办局，涉及业务主要包括集体土地征收拆迁、宅基地审批管理、业主大会及业委会成立、村（居）换届选举、行政履职、行政诉讼、民事争议调解以及企业日常法律风险防范等。

一级开发实施主体作为与被安置人签署房屋销售合同的一方民事主体，在实施回迁安置及房屋交付工作中，需要厘清与委托人、被安置人之间的法律关系，完成回迁安置房交房、回迁安置房管理、回迁安置房政策保证等各项责任。

结合上述行政机关和一级开发实施主体在回迁安置房建设及交付过程中不同的职责、任务，以及回迁安置房屋引发争议的现实情况，需要建立一套回迁安置房交付全流程法律服务体系，统筹、指导交房工作的策划和实施，同时有效解决交房工作中的个性和突发问题。

【服务程序】

沟通收集资料了解项目背景	交付全流程通过与当事人沟通了解参与主体情况、房屋权证取得情况、安置人员情况、房屋特点和情况、村域文化、物业管理预期及政策法规。
设计制作安置方案	结合了解的情况及客户需求，拟定选房、交房以及涉及物业相应事项的方案，并结合方案制作全流程配套文件。
沟通调整	将选房、交房方案提交委托人，与委托人结合实际情况沟通调整。
设计制作工作方案	结合安置方案、人员安排设计、制作工作方案。
培训预演	为实现平稳选房、交房，事先对工作人员、工作流程、应急处理等事项进行培训和预演。
实施	根据安置方案、工作方案，实施选房、交房以及物业移交工作。
总结评估	结合实施情况总结问题及潜在风险，做好处理预案。

【服务方式】

1. 主动式服务。律师团队深入实际调研，收集资料，挖掘问题，了解需求，指导实施，应急处理。

2. 个性化设计。针对不同项目、不同特点、不同需求设计方案，保证具备实施条件。

3. 跟踪服务。参与实施的全过程，现场指导，参与个性事项的处理，提高效率。

4. 应急处理。应急事项的处理影响项目进程，优化应急处理可以成为项目实施中一张亮丽的名片。

【服务内容】

一、介绍项目实施程序

向委托人介绍项目实施的程序、主要事项、关键节点、潜在风险、工作人员安排情况，使委托人对项目实施有整体认识。

二、调研汇总

对项目资料、被安置人的情况、项目背景等进行整体调研，汇总信息、分析潜在风险，为设计项目方案、制作项目法律文件和应急处理方案做准备。

三、方案设计

结合项目情况和特色设计指导项目实施的方案，以及指导项目工作开展的工作方案。

四、设计制作配套文件

结合项目方案设计制作配套文件，保证方案落地实施。

五、培训和预演

为工作人员就项目工作开展的程序、项目工作人员安排及工作职责，项目常见事项和应急事项的处理等提供培训。为了使工作人员熟悉工作内容，加强工作人员之间的配合，提前预演。

六、设计项目实施前的宣传方案

结合项目情况，设计实施前向收房人的宣传方案，实现选房/交房和收房主体之间的提前对接。

七、现场解答和处理法律问题

为提高工作效率，现场处理项目实施过程中涉及的法律问题。

【风险提示】

一、律师执业风险

1. 律师在参与回迁安置房交付项目方案设计时，应考虑项目所在地地方安置政策规定及地区历史因素，设计方案应调研和考虑与周边其他项目安置政策的区别和优劣，以保证回迁安置政策符合法律法规等规定并具备可执行性。

2. 回迁安置项目交房工作实施过程中，律师仅提供法律服务及法律事项的处理意见，不作安置政策解读。

二、项目存在风险

1. 选房、交房过程中的关键环节和关键节点，需要履行严格的法律程序，以保证其处理合法、行之有效，防止出现法律风险。

2. 项目实施全过程均具备对应的法律文件，可以记录实施情况，又可作为履行法定程序的证据。

3. 审核购房人资格及收房人权利，以避免因购房人不具有购房资格或收房人权利不明确导致出现各类纠纷。

4. 了解被安置人、收房人家庭内部纠纷及诉讼情况，尽量减少因被安置人、收房人内部家庭问题导致的收房法律风险。

【预期效果】

1. 通过项目宣传，实现与收房人之间的事先沟通，保证项目工作程序、工作事项的公开，通过了解建立信任基础。

2. 通过项目实施中体现的依法办事、高效快捷的工作作风，建立与收房人之间的信任，为后期物业管理建立基础。

3. 通过依法实施项目，可以实现有效规避、防范法律风险和潜在风险。

4. 注重细节，换位思考，人性设计，和谐高效。

征拆现场法律服务

朱磊硕[*]

【服务对象】

基层政府、村（居）委会

【需求分析】

征拆项目往往因历史遗留问题、新旧政策、群众预期等原因，面临矛盾多、任务重、时间紧的压力，征拆现场一直是项目矛盾纠纷体现的集中点、压力的放大器、风向的指示牌。任何细微的差错和意外都可能影响整个征拆项目的进度和完成，化解矛盾纠纷必须抓早、抓小，防止激化和转化，要着力避免小事拖大、大事拖炸。

党的二十大报告指出，要及时把矛盾纠纷化解在基层、化解在萌芽状态。律师通过提供征拆现场一线法律服务，及时为村（居）委会、工作人员、被征收人、被拆迁人提供法律咨询，解答法律疑惑，对征收程序、法律文书等重要事项和环节进行严格把关，坚决防止遗留、新增、激化矛盾，将

---

* 文字整理人：朱磊硕，政府法律服务部主办律师，中共党员。主要执业领域为政府法律顾问业务，擅长业务领域包括土地一级开发、行政执法、违法建设查处、农村宅基地管理等。日常参与区县区住建、水务部门及街乡镇政府等常年法律顾问服务。

矛盾纠纷化解在基层、源头、诉前。既保障征拆工作依法有序快速推进，又保障被征收人、被拆迁人的合法权益，追求公共利益与个人利益的统一。

【服务程序】

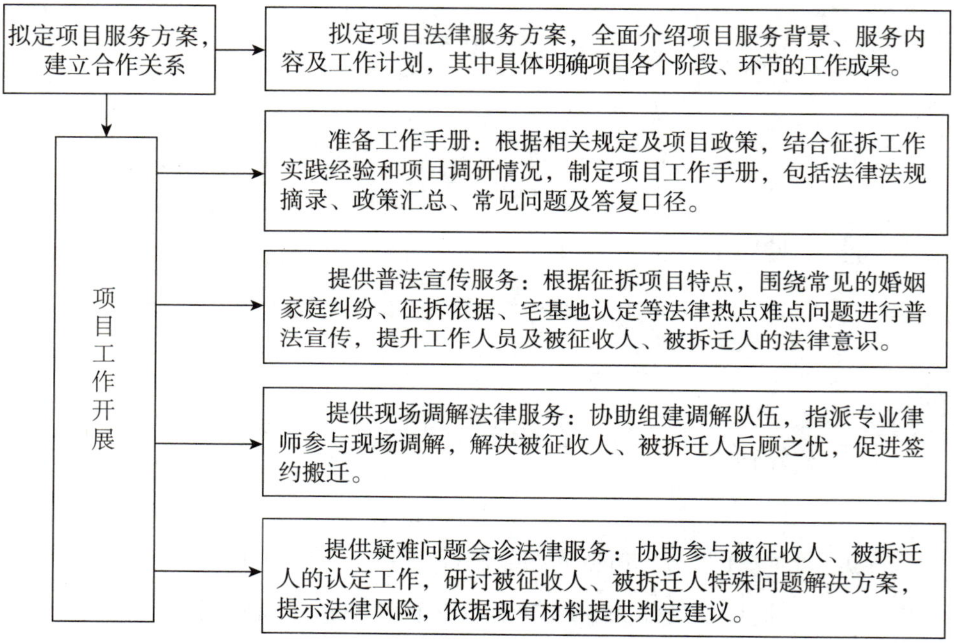

【服务方式】

1. 驻场值班。指派固定的专业律师在村（居）委会/指挥部进行驻场，及时向基层政府、村（居）委会、被征收人、被拆迁人及工作人员提供法律咨询，出具相应法律意见。

2. 下组走访。律师将结合项目实际情况，分阶段、分时段跟进各工作组接待、签约情况，提前了解、研判被征收人、被拆迁人顾虑的法律问题，与工作人员一起对当事人进行合理引导。

3. 进村入户。根据项目工作需求，与工作人员主动进村入户，加强与被征收人、被拆迁人的沟通交流，并就疑难问题现场提供法律咨询、调解服务。

【服务内容】

征拆现场法律服务项目律师团队将结合项目特点和需求，全面深入了解征拆各方需求，提供以下法律服务：

1. 律师驻场值班，提供现场法律咨询服务。现场解答被征收人、被拆迁人及其家庭成员提出的法律问题，提出分析意见及解决建议。耐心细致进行法治教育、心理疏导，引导当事人合理通过法律途径解决矛盾，防止纠纷进一步激化、恶化。

2. 进行法律宣传、培训。围绕项目常见的热点难点法律问题进行定向宣传、专项培训，提升参与人员的法律意识，做到项目人员对相关法律问题认识一致，答复一致，相应法律标准、法律依据公开、透明。

3. 就征拆过程中常见的被征收人、被拆迁人涉及的授权、继承、离婚、买卖、赠与等情况，根据项目要求，制作符合项目要求的承诺、协议等文书模板，并指导相关单位具体使用。

4. 现场根据被征收人、被拆迁人的具体情况，配套出具个性化授权、承诺书、情况说明、监护协议等文书，为相关单位与被征收人、被拆迁人的协商、谈判、签约工作提供法律保障。

5. 参与和被征收人、被拆迁人沟通、调解工作，实现促签搬迁。就签约商谈中反映的或可能涉及的法律问题，进行研判解答，并提供解决方案建议，提示法律风险。

6. 协助审查宣传稿、公众号，以及属地政府接诉即办、信访、村务公开监督、信息公开等事项，代拟答复及各类答复口径。

【风险提示】

1. 现场咨询答复的法律风险：征拆项目涉及历史遗留问题较多，往往还涉及前期不同阶段政策对比，应避免激化、新增矛盾，针对常见、敏感、特殊问题，要及时与指挥部沟通确认答复方向、尺度。现场咨询答复既要妥善回应被征收人、被拆迁人关心的问题，又要兼顾项目需要，有的放矢，防止出现以彼子之矛攻子之盾的情形。

2. 现场起草法律文书的风险：律师协助调解被征收人、被拆迁人家庭内部矛盾而起草的调解书、赡养协议、分款协议等法律文书，因被征收人、被拆迁人可能会隐瞒对自己不利的事实，不能仅依据单方片面陈述事实起草法律文书，应多方、多信源交叉核验文书事实，避免相应文书存在无效的法律风险。

3. 未依法妥善处理信访、信息公开申请等事项的法律风险：在征拆项目推进过程中，可能存在被征收人、被拆迁人提出的投诉、信访以及信息公开申请等诉求，如未依据法律给予解答和处理，易引发行政诉讼风险。

【预期效果】

1. 通过参与现场值班、沟通调解、答疑、配套文书制作、涉诉涉访事宜处理等方式，最大限度地从源头上化解和预防纠纷，防范和减少法律风险，推动项目签约工作。

2. 通过法治宣传、签约指导，提升工作人员的依法征拆意识，创新工作方法，减少投诉信访情况，降低基层政府的维稳风险。

3. 通过调解被征收人、被拆迁人的邻里纠纷、婚姻家庭、监护、财产分配、遗产继承等问题，协助被征收人、被拆迁人求同存异化解纠纷，实现利益最大化，有效减少诉累，持续构建和谐的邻里、家庭关系。

4. 项目律师通过全程参与现场调解、咨询、洽谈、签约等环节，最大程度全面深入参与项目，提供高度专业化法律服务，保障项目实施的实体和程序合法，降低行政机关的法律风险，实现各方共赢。

专题六

专业领域依法治理体系建设

【依法治教与依法治校】

教育系统法治能力提升培训法律服务

郑　莉*

【服务对象】

各级教育行政机关、学校

【需求分析】

全面推进依法治国、建设中国特色社会主义法治体系和中国特色社会主义法治国家是党在十八届五中全会上的重大部署。其中，全面推进依法治教、依法治校是全面推进依法治国的重要举措之一，同时也是不可或缺的重要内容。近年来，《国家中长期教育改革和发展规划纲要（2010—2020年）》《全面推进依法治校实施纲要》《依法治教实施纲要（2016—2020年）》等重要文件陆续颁布，明确了教育领域在这一历史时期的重要责任。文件提出了一系列涉及教育领域各个部门以及教育领域全体人员的法治建设任务，要求全面提升教育系统法治能力。当前，无论是教育行政系统工作人员还是学校教师，大多数均没有接受过系统的法学教育，没有接受过系统的法治思维

---

* 文字整理人：郑莉，北京市易和律师事务所高级合伙人，执行主任，服务领域为：公司类业务、文创类业务、教育类业务、酒店餐饮类业务。多年来为政府机关、大中型内外资企业提供常年法律顾问服务，拥有丰富的法律实务经验。

训练和熏陶，有可能成为推进依法治教、依法治校工作落实的制约因素。为克服此类制约因素，对教育领域各类人员（包括教育行政主管机关工作人员、学校管理者、教师等）分别进行法治教育培训，提升法律意识、树立法治思想，充分发挥其法治建设能力，使其保持法治建设、法治实践的先驱性，认真肩负起法治教育的重要责任，全面提升教育领域法治水平，这与全面推进法治政府建设的大政方针契合，具有十分重要的现实意义。

【服务程序】

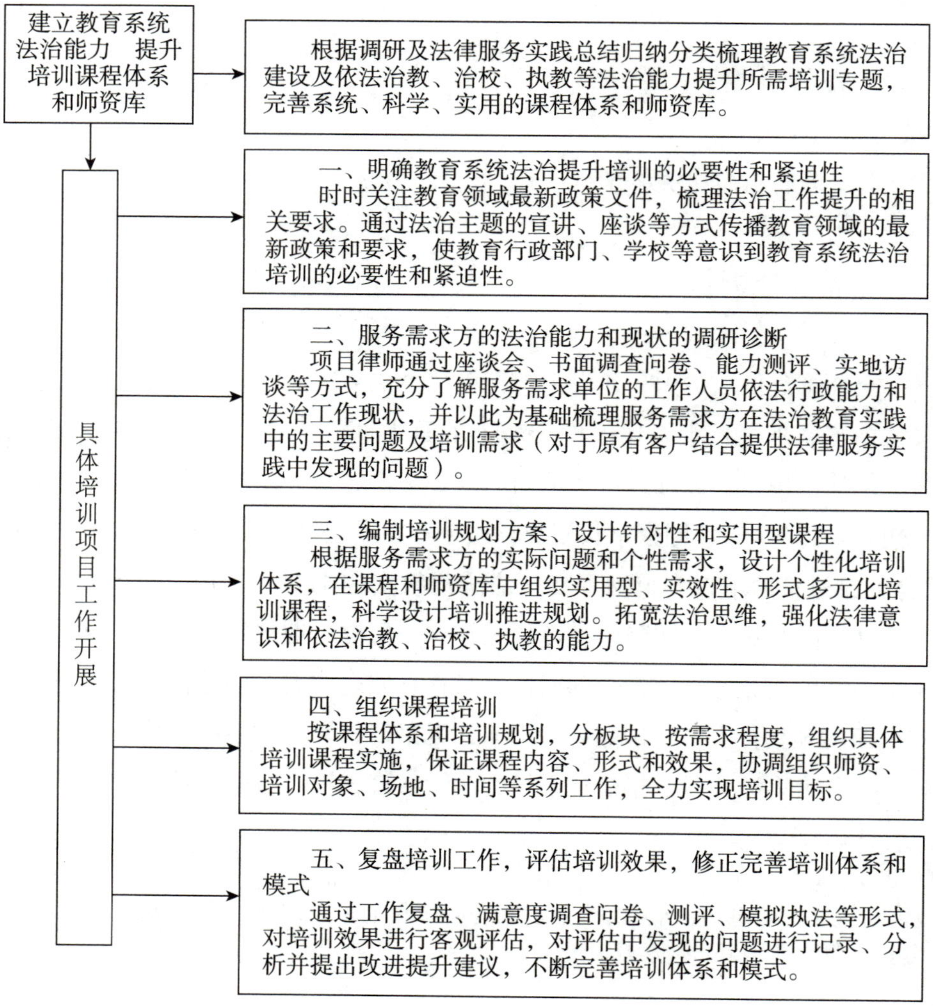

【服务方式】

教育系统法治能力提升培训项目主要采取以下方式进行：

1. 前瞻性分析。律师团队实时关注教育领域的最新政策和热点问题，结合对教育领域法治现状的了解，通过科学论证，寻求教育领域法治培训的需求点，以此确保法治培训与国家政策的契合，加深法治培训的现实意义。

2. 主动式服务。律师团队深入实际调研，挖掘问题结点，及时评估，持续跟踪，结合党和国家治理需要，不断更新升级项目服务体系、内容、形式及效果。

3. 个性化设计。针对不同的服务需求方（教育行政管理部门、学校等）、培训对象（教育行政主管机关工作人员、学校管理者、教师等）存在的法治素养和法治能力提升需求，及其在治教、治校、执教的过程中存在的实际问题和矛盾，量身定制培训课程和培训方案。

4. 资源整合型推进。遴选吸纳理论界专家、行业领域专家、教育领域法律服务实务专家、心理学专家等专业人士，推进项目实施，发挥专业和团队优势，形成立体化、多元化、复合型培训模式，进行个体和群体的全方位系统提升训练。

【服务内容】

一、介绍和展示教育领域法治能力提升系列培训课程

向机关或组织介绍和展示法治能力提升培训课程体系、设计思路、具体类别板块、培训目标及效果等。

二、法治问题和培训需求调研

组织落实法治问题和培训需求调研，出具调研诊断报告，分析问题并提

出培训建议。

三、个性化课程设计和培训方案编制

在课程和师资库中组织实用型、实效性、针对性且形式多元化的培训课程，科学定制培训推进方案。

四、培训实施

按课程体系和培训规划，采取有效方式、方法，组织培训有序实施。

五、实时记录、保存宣传素材

负责培训中的摄影、录像等记录工作，妥善保存各类素材，结合培训实况配合做好宣传工作。

六、协助设计制作年度培训报告、汇报 PPT、纪录片

结合培训设计和实施情况，制作服务对象的年度培训工作报告，运用大数据、实证分析、比较等方式，总结工作、分析理念和能力问题，并根据需要以 PPT、纪录片等可视化、可持续的载体方式展现。

七、及时复盘，评估培训效果

从主体、内容、接受程度、转化程度等角度对培训实施效果进行考核、评估，总结培训问题，完善培训体系，提高培训实效。

八、完善法治知识运用能力训练及考核机制

针对服务对象的现状问题和培训情况，进一步协助服务对象完善培训制度体系，建立健全法律知识运用能力训练机制，构建法治培训与实操的有效对接。

【风险提示】

1. 培训课程的内容与服务对象的培训需求点的契合度的高低，决定于培训对象是否将其在组织、运行、管理过程中存在的问题真实、全面地向培训方披露。

2. 本项目为依法治校、依法治教和推进法治教育的法治项目，符合依法治教、全面依法治国的政策方略，由具有法治教育专题培训实践经验丰富的专业主体机构（律所）实施和推进，效果较好。

【预期效果】

本项目的实施对于教育系统实现依法行政、依法治教、依法治校目标意义重大，对提高教育行政系统工作人员、校长、教师、学生的法治素养、法治信仰和运用法律的能力，妥善有效化解教育领域争议有着积极作用。

1. 通过依法治教培训，提升教育行政主管机关工作人员的法治意识，培养其依法行政、依法办事的能力，使其充分掌握履行职责应当熟悉和掌握的法律知识和实务技能。

2. 通过依法办学培训，提升学校领导法治素养，使其真正树立法治观念、认同依法治校的重大意义、具备一定程度的法律专业知识，在学校落实法治政策时把握正确方向、关注重点问题，同时提升其处理学校日常管理中遇到的法律问题的能力，最大限度地避免法律风险的发生。

3. 通过依法执教培训，促进学校骨干教师法律专业知识的构建，使其在具备了正确、专业、完整的法律知识体系的基础上充分、准确、无误地将法律规定、法治思想传授给学生，达到通过法治教育使学生从小树立法治意识、形成法治信仰的远大目标。此外，培训还有助于骨干教师协助学校处理法律相关问题，推动依法治校目标的落实。

公办中小学规章制度体系建设法律服务

郑　雯*

【服务对象】

各级教育行政机关，公办小学、初中、高中

【需求分析】

全面推进依法治国、建设中国特色社会主义法治体系和中国特色社会主义法治国家是党在十八届五中全会上的重大部署。全面推进依法治校是全面推进依法治国的重要举措和内容。2012 年以来，教育部出台了《全面推进依法治校实施纲要》《依法治教实施纲要（2016—2020 年）》等文件，对学校建章建制工作提出了要求，明确学校内部规章制度体系限期建立。学校制度建设是学校内部法治建设的基础，健全学校内部管理规章制度，积极推进学校建章建制工作，是实现校园法治的必要手段，也是各校在全面推进依法治校过程中必经之路，但是规章制度的制定是具有立法性质的专业性工作，大多数学校往往缺乏专业的人才，使得学校的规章制度制定工作存在一定难

---

* 文字整理人：郑雯，北京市易和律师事务所商事部主办律师。法学学士学位。从事民商事、知识产权领域诉讼及非诉业务，主要涉及企业常年法律顾问业务、日常法律文件处理、企业风险管理、企业投资并购、企业破产及清算、企业知识产权获得与保护在内的各类民商事纠纷解决。

度。易和所对各地公办中小学教师培训、交流获取的调研数据和相关信息反映，学校领导和教师对律师作为法律实务工作者、学校法律顾问指导学校制定既满足法律要求，同时又符合学校自身办学特色的章程具有迫切而持续的需求。

【服务程序】

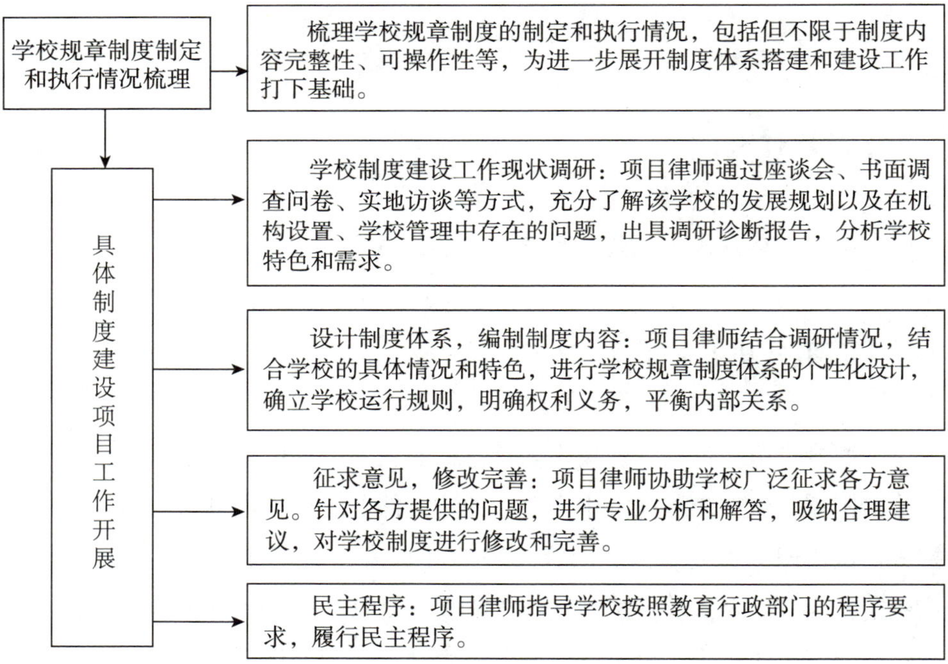

【服务方式】

公办中小学规章制度体系建设项目主要采取以下方式进行：

1. 主动式服务。律师团队深入实际调研，挖掘问题结点，及时评估，持续跟踪，结合依法治校和依法治教需要，不断更新升级项目服务体系、内容。

2. 前瞻性分析。在实地调研和科学论证的基础上，结合学校的具体情况，对学校规章制度制定以及学校管理过程中的问题进行系统分析。

3. 个性化设计。针对学校在机构设置、运行管理中存在的问题，结合学校发展规划的需要，设计具有学校特色的制度体系和编制制度内容。

4. 资源整合型推进。遴选吸纳理论界专家、教育行业领域专家、教育法律服务实务专家等专业人士，推进项目实施，发挥专业和团队优势，帮助学校建立完整有效的制度体系，进一步实现现代化、法治化。

【服务内容】

一、学校制度体系建设现状调研诊断

组织问题和服务需求调研，出具调研诊断报告，分析问题并提出制度建设建议。

二、个性化学校规章制度体系设计和制度编制

针对现状问题和学校特色，协助学校建立个性化的规章制度体系，科学编制如决策机制、教育教学科研管理、财务与资产管理、劳动人事管理等制度，提高学校建章建制工作效率，实现制度和机制实操性和运行效果。

三、学校规章制度修订完善

通过专家论证会、座谈会等形式，广泛征求各方意见，并针对各方提出的问题和建议，进行专业的分析和解答，吸纳合理建议，指导学校对章程进行修改完善。经过反复的研讨和调整后形成结构清晰、内容全面、合法合规且能够体现学校特色的规章制度。

四、协助开展制度审议民主程序

完成章程修改工作后，律师团将协助学校按照教育行政部门的程序要求，召开教职工大会和党组织会议对章程审议，提交学校校务会审定。

五、总结报告服务

根据学校需要将规章制度设计和编制、征求意见和民主评议过程形成书面总结报告，并以 PPT、纪录片等可视化、可持续的载体方式展现。

【风险提示】

1. 制度体系和内容与学校的运行管理实际是否存在矛盾以及如何平稳高效对接，需要学校进行自测和判断。

2. 学校需进行规章制度体系和内容审查，对是否符合本学校实际需求和特色进行判断。

【预期效果】

1. 通过引导学校制定完善的章程和管理制度体系，帮助学校确立运行规则，明确权利义务，从而使学校协调平衡内部关系，为依法治校的实现提供现实制度保障。

2. 通过指导学校制定管理规章制度，帮助学校建立一个真正完整、有效的制度体系，帮助学校进一步实现现代化、法治化，最终达到全面落实现代学校制度、全面实现自主办学的目标。

【文旅体卫管理规范化】

旅游消费纠纷解决

李　川*

【服务对象】

旅游行业主管部门、旅游产品消费者、旅行社

【需求分析】

一、旅游消费纠纷日益增加

近年来，我国旅游市场发展快速，旅游已成为人民群众生活中不可或缺的重要组成部分。然而，由于旅游产品没有量化标准、个体感受差异较大等特性，以及旅游活动极易受到各种外界因素影响的特点，随着旅游业的发展，旅游消费纠纷也日益增加。

---

* 文字整理人：李川，北京市易和律师事务所合伙人。多年来深耕旅游领域法律服务，为文旅机关、旅游行业协会和旅游企业等单位提供相关法律服务，参与旅游企业培训、大型节庆推广活动组织、旅游行政执法、旅游行业协会对外谈判、重点案例研讨、重大旅游事故处理、旅游企业内部劳动纠纷、旅行社与导游纠纷、旅行社承包挂靠纠纷、宾馆饭店承包租赁纠纷、旅行社责任保险理赔纠纷、各类旅游消费纠纷等业务。

二、纠纷解决机制尚不健全

同时，我国的旅游法律体系尚未完善，旅游法制宣传尚不到位，旅游市场秩序尚需整治，旅游从业人员素质有待提高，也由此不管是旅游产品消费者还是旅游产品经营者即旅行社，在处理旅游消费纠纷时常常无所适从，要么直接去法院诉讼，将诉讼变成了维权的“最前线”，费时费力；要么采取非理性措施死缠烂打，将“小事变大”，得不偿失。

旅游行业主管部门经常会收到有关旅游消费纠纷的投诉举报，如何依法有效化解矛盾，提高人民满意度是依法行政、服务型政府建设的重要举措。

为此，本项目将由从事旅游法律工作多年的专业的旅游律师团队通过协助旅游行业主管部门、旅游产品消费者、旅行社就具体纠纷进行分析，选择合适的处理途径，并采用专业、高效的处理方法，解决旅游消费纠纷，最终维护旅游产品消费者以及旅行社的合法权益，为化解社会矛盾做出贡献。

【服务程序】

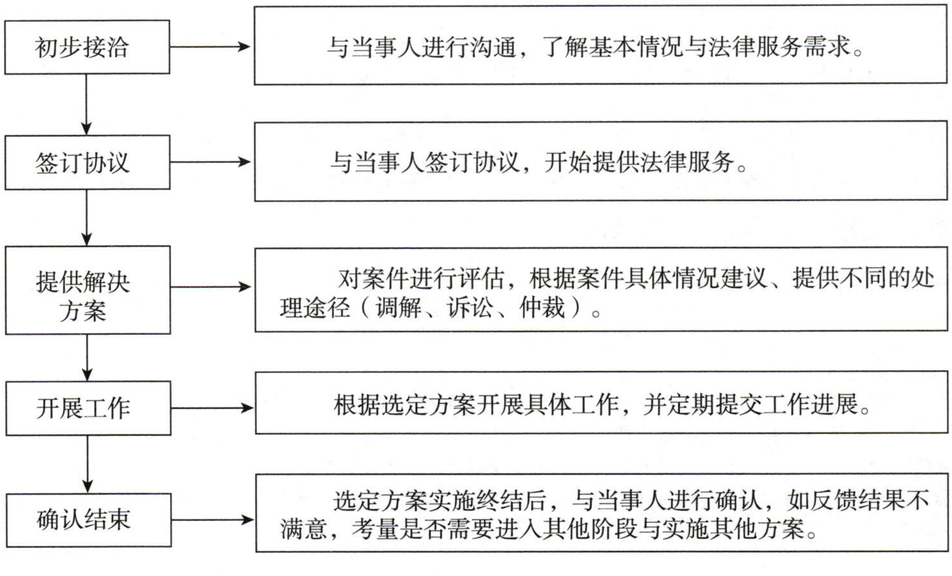

【服务方式】

1. 建立团队与确定主联系人相辅相成式服务。由合伙人、专业主办律师及律师助理组成团队提供法律服务，对复杂、疑难法律问题均进行集体“会诊”。同时，结合业务情况与律师专业特点，确定一名主办律师为主联系人与当事人建立服务路径固定沟通。

2. 远程与会面珠联璧合式服务。根据服务事项的具体情况通过电话、邮箱、网站、微信（群）乃至约见等多种方式开展法律服务。

3. 专业的代理服务。作为代理人，参加与对方当事人的约谈、第三方调解、仲裁、诉讼。

4. 制作、审核书面文件。根据当事人的需求可以就咨询事宜出具法律意见书或者根据案件需要制作、审核各类法律文书。

5. 及时汇报。代理当事人处理各类事务后，及时通过书面等形式进行工作通报。

【服务内容】

一、法律咨询

不论是旅游消费纠纷刚刚发生，还是正在处理中，抑或即将解决，当事人可就纠纷解决事宜寻求律师答疑解惑。

二、解决途径设计

分析旅游消费纠纷性质（包括普通的服务质量问题、违法经营问题或是严重的人伤财损问题等），设计纠纷处理途径以及每种处理方式的细化的策略与方法。

三、谈判、调解服务

结合实际情况，对适宜通过谈判调解解决的案件，建议旅行社、旅游产品消费者自行和解，或于北京市旅行社服务质量监督管理所、北京市多元调解中心、旅行社责任保险调解处理中心等与对方进行谈判，由律师代理当事人妥善解决问题。

四、仲裁、诉讼服务

对于谈判、调解不能（一方不同意谈判或未能达成和解的）或不适宜调解的（如严重的人伤案件），由律师代理当事人展开仲裁、诉讼服务。

五、审核、出具法律文书

就前述各种服务所需要法律文书（如和解书、调解书、律师函、投诉/举报书）进行出具或审核。

【风险提示】

1. 如当事人提供或掌握的信息、材料不完整，不能还原纠纷背后旅游合同缔约、履行的客观事实，可能导致律师无法全面、充分分析项目涉及的有关问题，以至于导致律师解决方案出现偏差，或不被仲裁庭、法庭认可，最终难以达成预期目的。

2. 旅游市场主体法律素质参差不齐，且近年来与旅游有关的涉众涉刑案件频发，律师应在签订协议、确立双方委托关系后再在协议约定的范围内开展法律服务。

3. 与旅游服务有关的主体类型、行规、涉及领域、纠纷种类纷繁复杂，律师不仅要精通旅游法律法规，更要全面、深入地参与到旅游行业、旅游经营之中，才能厘清各种法律关系，找出问题症结所在，否则，如不懂旅游经营，所出的方案可能贻笑大方。

4. 一定区域内与旅游服务有关的市场较为固定，真正既懂法律又懂旅游业务的律师不多，随着经济交往的日益复杂化，极可能出现利益冲突的情况（如拟委托的旅游消费者与律师服务过的或正在服务的旅行社发生纠纷），要仔细甄别，注意取舍。

【预期效果】

1. 当事人可以按自身情况选择适宜的法律服务，低成本高品质地享受到专业的法律服务。同时避免了在法院“挤破头”，将主管机关折腾得“团团转”不良现象。保障了旅游消费市场各主体合法权益。

2. 一定程度上，就旅游法律进行了宣传，有利于旅游消费者建立正确的旅游维权观，有利于旅行社正确认识旅游纠纷及时处理的重要性，有利于旅游消费市场的良性运转。

体育行业协会脱钩改革与标准规范建设

林琴梅*

【服务对象】

体育行政部门、体育项目中心、体育行业协会

【需求分析】

2019年6月14日国家发展和改革委员会等部门《关于全面推开行业协会商会与行政机关脱钩改革的实施意见》指出，确保省、市、县各级行业协会商会与行政机关脱钩改革在2020年年底前基本完成。其中多个体育行业协会列入脱钩改革名录。

"体育行业协会脱钩改革"，是指体育局与其主办、主管、联系、挂靠的行业协会，通过机构分离、职能分离、资产财务分离、人员管理分离、党建外事等事项分离等改革措施实现脱钩，取消主办、主管、联系、挂靠关系，形成政社分开、权责明确、依法自治的现代社会组织体制。

虽然国家对脱钩改革任务已确定了完成时限，但许多体育局、项目中

---

* 文字整理人：林琴梅，北京市易和律师事务所高级合伙人，中共党员，毕业于中国青年政治学院，担任中国法学会体育法学研究会理事。从业以来始终致力于政府行政法律服务研究，为多家行政机关提供常年法律顾问服务。

心、协会等单位对于怎么脱、脱完之后怎么管存在诸多疑惑和争议。

一、深化机构改革和职能转变，实行“政会（社）分开”

根据2007年5月13日国务院办公厅《关于加快推进行业协会商会改革和发展的若干意见》、2013年3月14日第十二届全国人民代表大会第一次会议通过的《关于国务院机构改革和职能转变方案的决定》、2013年11月12日中共中央《关于全面深化改革若干重大问题的决定》等文件精神，实行“政会（社）分开”，理顺政府与行业协会之间的关系，明确界定行业协会职能，改进和规范管理方式，加快形成政社分开、权责明确、依法自治的现代社会组织体制，逐步推进行业协会商会与行政机关脱钩。

2015年7月8日中共中央办公厅、国务院办公厅《行业协会商会与行政机关脱钩总体方案》、2019年6月14日国家发展和改革委员会等部门《关于全面推开行业协会商会与行政机关脱钩改革的实施意见》、2019年6月14日行业协会商会与行政机关脱钩联合工作组办公室《关于做好全面推开地方行业协会商会与行政机关脱钩改革工作的通知》和《关于做好全面推开全国性行业协会商会与行政机关脱钩改革工作的通知》，对全面实现行业协会商会与行政机关脱钩，从脱钩内容、工作时限、管理部门等方面进行了部署安排。

二、体育强国建设要求充分发挥体育社会组织的行业自律作用

《体育强国建设纲要》《“十四五”体育发展规划》《全民健身计划（2021—2025年）》等体育发展政策文件，均提出激发体育社会组织活力，各类体育协会要加强行业自律，引导行业健康发展、企业规范经营。充分发挥体育社会组织在标准制定、人才培养、赛事管理、产业布局、纪律惩戒等方面的行业自律作用，构建党的领导、政府监管、行业自律、社会监督的体育领域治理体系，推进体育领域治理体系和治理能力现代化，促进体育市场

健康良好发展，加快体育强国建设。

1 脱钩改革背景

深化机构改革和职能转变，实行“政会（社）分开”

深化改革

政会分开

1. 2007年5月13日国务院办公厅《关于加快推进行业协会商会改革和发展的若干意见》

   实行“政会分开”，理顺政府与行业协会之间的关系，明确界定行业协会职能，改进和规范管理方式。

2. 2013年3月14日第十二届全国人大第一次会议通过的《关于国务院机构改革和职能转变方案的决定》

   加快形成政社分开、权责明确、依法自治的现代社会组织体制。逐步推进行业协会商会与行政机关脱钩。

3. 2013年11月12日中共中央《关于全面深化改革若干重大问题的决定》

   正确处理政府和社会关系，加快实施政社分开，推进社会组织明确权责、依法自治、发挥作用。

1 脱钩改革背景

全面推开行业协会商会与行政机关脱钩改革

全面推开

脱钩改革

1. 2015年7月8日中共中央办公厅、国务院办公厅《行业协会商会与行政机关脱钩总体方案》

   加快转变政府职能，实现行业协会商会与行政机关脱钩，促进行业协会商会规范发展。

2. 2019年6月14日国家发展和改革委员会等部门《关于全面推开行业协会商会与行政机关脱钩改革的实施意见》

   “应脱尽脱”按照去行政化的原则，落实“五分离、五规范”的改革要求，全面实现行业协会商会与行政机关脱钩。

3. 2019年6月14日行业协会商会与行政机关脱钩联合工作组办公室《关于做好全面推开全国性行业协会商会与行政机关脱钩改革工作的通知》《关于做好地方行业协会商会与行政机关脱钩改革工作的通知》

   明确各阶段工作任务和工作时限。

【服务程序】

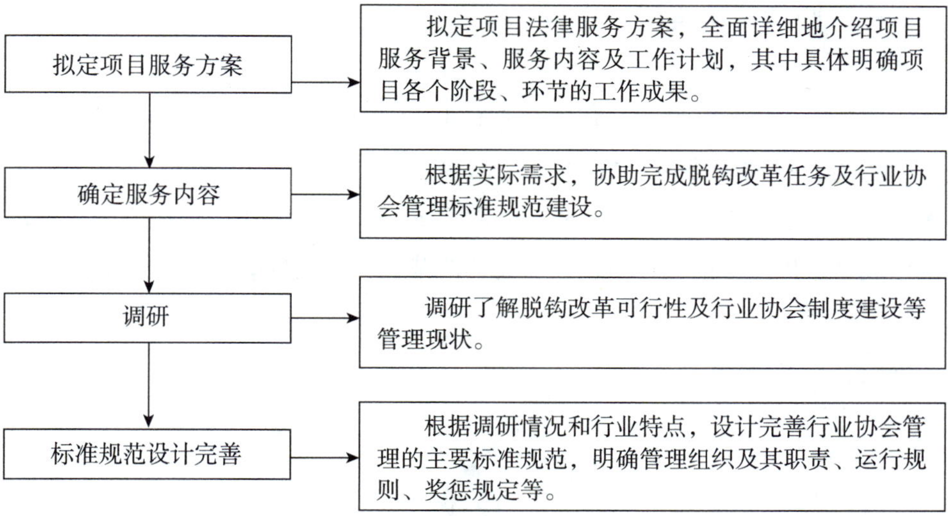

【服务方式】

1. 归纳梳理现行法律法规政策。全面梳理行业协会脱钩改革和行业自律管理涉及的法律法规和政策规定。

2. 实地调研。律师团队主动深入项目单位进行实地调研，与相关工作人员沟通交流，了解脱钩改革和自律管理现状，包括组织架构、职责分工、制度建设等情况。

3. 实时沟通，全过程跟踪服务。通过电话、邮箱、网站、微信（群）等多种方式，及时与项目单位负责人员沟通、联系，及时解决工作开展过程中遇到的疑难问题和矛盾，及时报告、调整工作方案和成果。根据项目推进情况，开展相应辅助性的法律服务工作，参加项目相关疑难问题的论证、研讨、调查，制作项目汇报 PPT 和书面汇报文件。

4. 团队式服务。结合实际情况，本律师事务所组成项目组，对复杂、疑难法律问题及时进行集体“研讨会诊”。

【服务内容】

一、脱钩改革全流程指引

根据脱钩改革精神，制定项目单位脱钩改革实施方案，明确工作组织、脱钩范围、脱钩程序，从机构、职能、资产财务、人员、党建外事五个方面，按照规定的工作主体、步骤、时限要求开展脱钩工作，形成不同阶段的工作成果。最终协助项目单位完成脱钩改革任务，做好脱钩工作总结。

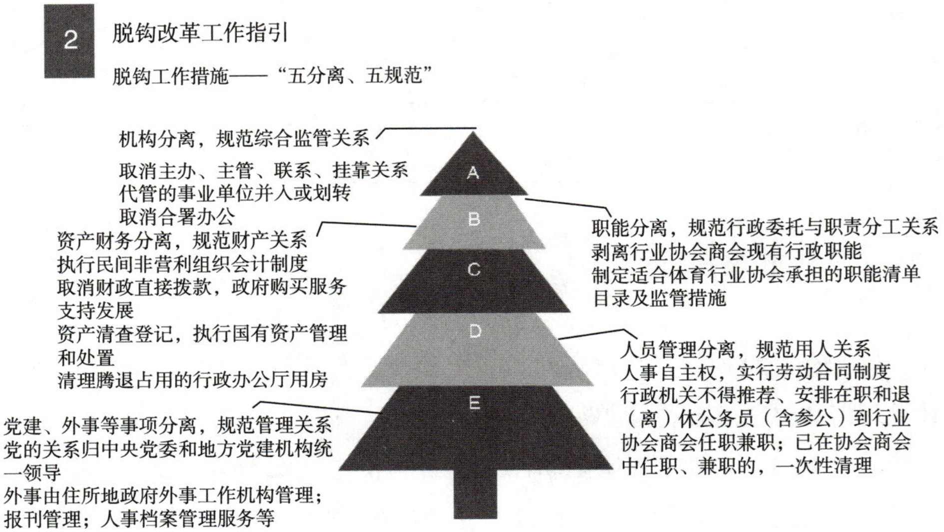

二、体育项目制度标准规范建设现状调研

1. 全面查询梳理体育项目管理相关法律法规规定。就体育项目管理涉及的运动员、教练员注册、等级评定、培训考核、赛事活动管理、反兴奋剂管理、纪律惩戒等方面内容，全面查询梳理相关的法律法规规定，为体育项目制度标准规范建设提供法律依据。

2. 了解体育项目制度标准规范建设现状，分析现存问题并提出优化建议。在全面梳理体育管理相关法律法规规定的基础上，通过座谈会、问卷调查、书面评查等方式，了解各项目管理中心、体育社会组织关于各类体育项目制度标准规范的建设现状，分析现存问题并提出优化建议。

三、体育项目制度标准规范示范文本制定

根据前期法律法规梳理和调研分析情况，结合目前体育项目管理的实际需求，为有效指导各项目管理中心、体育社会组织建立本单位本协会所辖项目的制度标准规范，可就主要体育项目管理制度标准规范分类分级设计制作示范文本并予以说明，提供给各项目管理中心、体育社会组织进行参考。示范文本围绕管理主体、工作程序、违规违纪惩戒处罚等方面内容进行统筹规范。

四、体育项目制度标准规范建设工作验收检查

根据上级体育行政部门关于各项目管理中心、体育社会组织完成体育项目制度标准规范建设工作的指导要求，可参与对各项目管理中心、体育社会组织体育项目制度标准规范建设完成工作的验收检查工作，草拟验收检查计划，评查相关单位完善后制度。

五、体育项目制度标准规范建设工作深化服务

对于开展体育项目制度标准规范建设工作过程中涉及的项目宣讲、专题培训等需求，可指派相关专业律师提供相应法律服务，促使各部门、各单位能够进一步认识体育项目制度标准规范建设工作，有效借鉴体育项目制度标准规范制定的优秀典型和先进经验，进一步提升所辖体育项目制度标准规范建设的能力与水平。

【风险提示】

1. 不同单位的脱钩改革进程有所区别，需根据实际情况有序开展脱钩工作。

2. 需根据不同体育项目的特点设计完善相应的制度标准规范。

【预期效果】

协助各项目管理中心、协会进一步加强本单位本协会所辖项目的制度标准规范建设，认真梳理本单位本协会所辖项目的制度标准规范建设状况，将现行有效的制度标准文件整理汇编，逐一分析，对于不符合项目管理实际的，要尽快修订或废止；对于缺少的，要尽快起草完善。初步建成所有体育项目的制度标准规范，提升体育行业自律水平，推进体育领域治理体系和治理能力现代化。条件成熟的实施脱钩改革，标准规范的建设完善可为脱钩后行业管理打下坚实基础。

政府购买公共体育服务及全民健身公共服务规范化建设

徐晓丹*

【服务对象】

体育行政部门、承担行政管理职能的事业单位

【需求分析】

2021 年 7 月 18 日，《全民健身计划（2021—2025 年）》规定，县级以上地方人民政府应将全民健身事业纳入本级经济社会发展规划，制定出台本地区全民健身实施计划，完善多元投入机制，鼓励社会力量参与全民健身公共服务体系建设。畅通各类培养渠道，引导扶持社会力量参与全民健身人才培养，形成多元化的全民健身人才培养体系和科学评价机制。2022 年 3 月 23 日，中共中央办公厅、国务院办公厅《关于构建更高水平的全民健身公共服务体系的意见》提出，制定政府购买全民健身公共服务的办法及实施细则。积极吸引社会力量参与，支持有意愿的房地产企业以及健康养老、文化旅游

* 文字整理人：徐晓丹，政府法律服务部主办律师，毕业于华东交通大学经济法学硕士，中共党员。从事律师工作以来，为多家政府机关、事业单位、大型国企、内资及中外合资企业等私企提供常年法律顾问服务，行业涉及制造业、教育、餐饮、影视文化、园林景观、培训等。

等社会资本投资全民健身。支持社会力量举办赛事。公开全国综合性运动会和单项体育赛事目录及承接标准，引入社会资本参与承办赛事。

“政府购买公共体育服务及全民健身公共服务”，是指体育行政部门及行使行政管理职能的事业单位使用财政性资金或非财政性资金，选择社会力量为社会公众提供公共体育服务及全民健身公共服务。

规范政府购买公共体育服务及全民健身公共服务的意义在于：

1. 正面回应人民诉求。社会组织、公司、企业等社会力量有承接政府购买全民健身公共服务的热情和需求，老百姓也需要更加优惠实用、便民高效的体育服务，政府应当加大购买公共体育服务及全民健身公共服务力度，为他们提供更好的平台、更便利的服务，正面回应人民诉求。

2. 构建高质量公共体育服务及全民健身公共服务体系的必然要求。党的二十大提出高质量发展是全面建设社会主义现代化国家的首要任务。公共体育服务及全民健身公共服务事业高质量发展，离不开政府引导社会力量广泛参与，发挥社会力量的竞争优势提供更高水平的公共体育服务。政府购买公共体育服务及全民健身公共服务，同时也是深入实施全民健身国家战略，全面推进健康中国建设，进一步发挥政府作用，激发社会力量积极性，优化资源布局，扩大服务供给，构建统筹城乡、公平可及、服务便利、运行高效、保障有力的更高水平的全民健身公共服务体系的必然要求。

【服务程序】

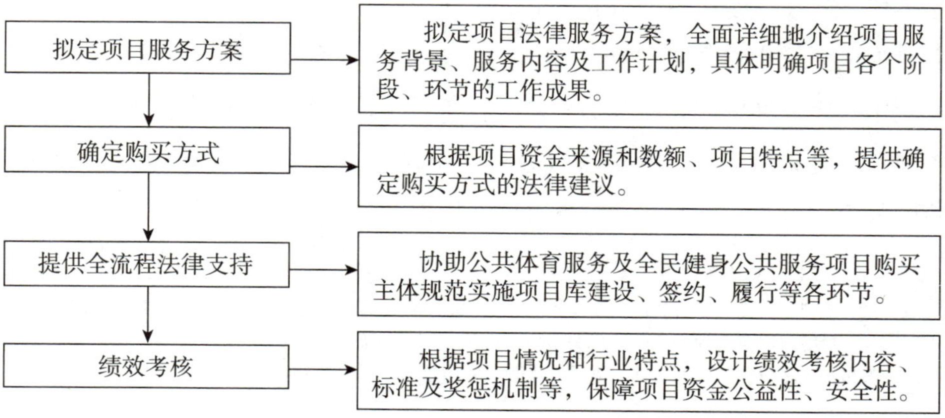

【服务方式】

1. 归纳梳理现行法律法规政策。全面梳理政府购买公共体育服务及全民健身公共服务涉及的法律法规和政策规定。

2. 高效服务。律师团队全面了解项目特点、深入挖掘采购需求、分析不同采购方式利弊，确定最高效恰当的采购方式，选择最合适的社会力量及最优质的服务方案。

3. 实时沟通，全过程跟踪服务。通过电话、邮箱、网站、微信（群）等多种方式，及时与项目负责人员沟通、联系，及时解决工作开展过程中遇到的疑难问题和矛盾，及时报告、调整工作方案和成果。根据项目推进情况，开展相应辅助性的法律服务工作，参加项目相关疑难问题的论证、研讨、调查，制作项目汇报 PPT 和书面汇报文件。

4. 团队式服务。结合实际情况，本律师事务所组成项目组，对复杂、疑难法律问题及时进行集体“研讨会诊”。

【服务内容】

一、政府购买公共体育服务及全民健身公共服务全流程指引

根据党的二十大及前述文件精神，制定政府购买公共体育服务及全民健身公共服务方案，明确工作组织、服务流程、服务内容，从项目特点分析、采购需求确定、采购方式确定、社会力量选聘、签约、履行、绩效考核开展全流程法律指引，形成不同阶段的工作成果。最终协助购买主体高质量完成提供公共体育服务工作，做好购买工作总结。

二、政府购买公共体育服务及全民健身公共服务项目库规范建设

1. 全面查询梳理体育项目管理相关法律法规规定。就体育项目管理涉

及的运动员、教练员注册、等级评定、培训考核、赛事活动管理、反兴奋剂管理、纪律惩戒等方面内容，全面查询梳理相关的法律法规规定，为公共体育服务及全民健身公共服务项目库建设提供法律依据。

2. 统计、分析既往实施的购买项目，遴选优质项目建立项目库及出入库标准。在全面梳理体育管理相关法律法规规定的基础上，通过座谈会、问卷调查、书面评查等方式，根据项目特点制定评价标准为开展过的各类体育项目打分，择优入库，并制定项目出入库标准，保证项目库持续优化。

三、政府购买公共体育服务及全民健身公共服务项目文件合法性审查及示范文本定制

根据前期法律法规梳理和既往项目情况分析，结合目前政府购买公共体育服务及全民健身公共服务项目的实际需求，为有效节约购买服务的时间、人力成本，对项目实施过程中的全部法律文件进行合法性审查，并在总结项目经验的基础上建立示范文本库。示范文本围绕项目购买及承接主体各自的权利义务、服务标准及验收、奖惩机制等方面内容进行系统规范。

四、政府购买公共体育服务及全民健身公共服务项目验收考核

根据上级体育行政部门对各项目管理中心、体育社会组织、企业完成体育服务的指导要求，可参与对各项目管理中心、体育社会组织、企业完成项目的情况验收考核工作，草拟验收、考核标准及表格，提供改进意见。

五、政府购买公共体育服务及全民健身公共服务项目规范化建设工作深化服务

对于开展政府购买公共体育服务及全民健身公共服务项目规范化建设工作过程中涉及的项目宣讲、示范文本适用专题培训等需求，可指派相关专业

律师提供相应法律服务，促使各部门、各单位能够进一步认识政府购买公共体育服务及全民健身公共服务项目规范化建设工作，有效借鉴政府购买公共体育服务及全民健身公共服务项目规范化建设的优秀典型和先进经验，进一步提升所辖体育项目制度标准规范建设的能力与水平。

【风险提示】

1. 类型不同、资金来源不同、金额不同的项目适用的采购方式不同，需在现行法律法规框架内确定恰当的采购方式。

2. 需根据不同体育项目的特点设计完善相应的验收及考核标准。

【预期效果】

协助各体育行政部门及行使行政管理职能的事业单位进一步加强本单位所辖项目的规范建设，梳理本单位所辖项目的开展特点及现状，将现行有效的法律法规及制度文件整理汇编，对于既往开展的项目逐一分析，建立项目库及其管理制度。在项目库建立的基础上，根据各类项目适用的采购方式出具法律意见，制定相应的示范文本及配套宣讲课程，结合项目特点制定项目验收和考核标准，根据验收及考核结果提供改进意见。通过上述步骤初步建成更规范的政府购买公共体育服务、全民建身公共服务运行体系，激发社会力量的积极性，提高资金的利用率，确保服务的公益性与社会性，推进体育领域治理体系和治理能力现代化。

【事业单位改制】

事业单位转企改制法律服务

郑　莉*

【服务对象】

政府、从事生产经营活动的事业单位

【需求分析】

2011 年 3 月 23 日中共中央、国务院《关于分类推进事业单位改革的指导意见》指出，推进从事生产经营活动事业单位改革。周密制定从事生产经营活动事业单位转企改制工作方案，按照有关规定进行资产清查、财务审计、资产评估，核实债权债务，界定和核实资产，由同级财政部门依法核定国家资本金。转制单位要按规定注销事业单位法人，核销事业编制，进行国有资产产权登记和工商登记，并依法与在职职工签订劳动合同，建立或接续社会保险关系。事业单位转企改制后，要按照现代企业制度要求，深化内部改革，转变管理机制，并依照政企分开、政资分开的原则，逐步与原行政主管部门脱钩。

---

* 文字整理人：郑莉，北京市易和律师事务所高级合伙人，执行主任，服务领域为：公司类业务、文创类业务、教育类业务、酒店餐饮类业务。多年来为政府机关、大中型内外资企业提供常年法律顾问服务，拥有丰富的法律实务经验。

一、国有经济结构调整的必然要求

我国现阶段的经济体制是社会主义市场经济体制，其特点是以公有制为主体，多种所有制经济共同发展。在保持必要的国有经济数量的前提下，更重要的是保证国有资本分布的优化和质量的提高。要从战略上调整国有资本布局，改变国有经济分布过宽，涉足领域过多，整体素质不高的状况，使国有资本在那些关系国家安全和经济命脉的重要行业和关键领域保持控制力。因此，事业单位改制是国有经济在结构调整过程中的必然要求。

二、应对市场变化的需要

我国事业单位最大的问题就是“大而全”、“小而全”，“企业办社会”，或富余人员过多，劳动率低下，难以适应市场竞争。这些问题严重制约了事业单位的市场竞争力的提高，也严重制约着事业单位的健康持续发展。必须通过事业单位转企改制，主辅分离，剥离辅业，该由政府承担的政府承担，该由企业承担的转为企业承担，明晰界限。同时，各类事业单位面临着观念转变、技术革新、业务转型和新业务开拓等多重压力，而传统体制难以适应单位业务转型发展及拓展市场的需要，受到市场冲击力较大，体制改革的紧迫性日益凸显。迫切需要通过改制转企，实现体制机制的创新，探索业务模式转型升级，抓住机遇，应对市场变化。

【服务程序】

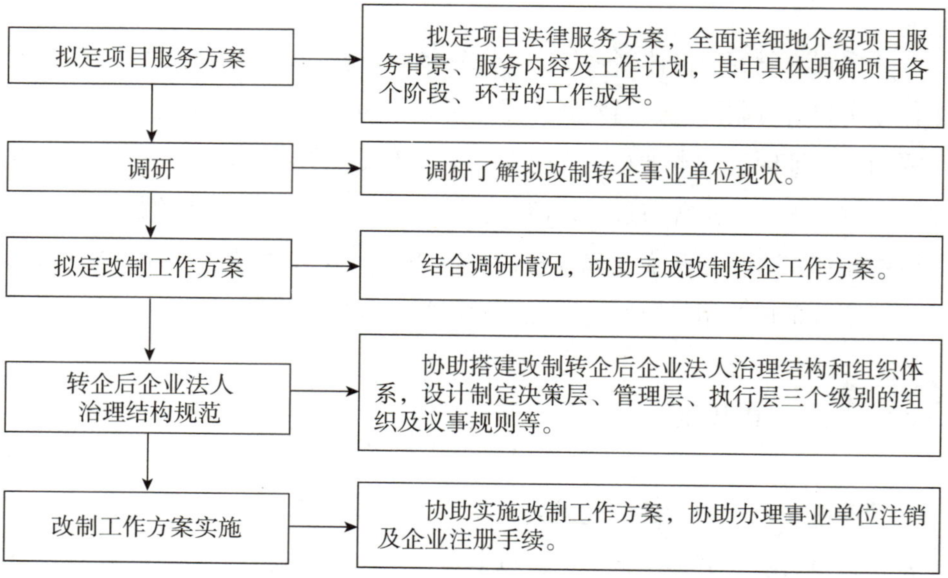

【服务方式】

1. 归纳梳理现行法律法规政策。全面梳理事业单位改制转企涉及的法律法规和政策规定。

2. 实地调研。律师团队主动深入项目单位进行实地调研，与相关工作人员沟通交流，了解事业单位现状，包括基本结构、开办情况、资产情况、人员情况等。

3. 实时沟通，全过程跟踪服务。通过电话、邮箱、网站、微信（群）等多种方式，及时与项目单位负责人员沟通、联系，及时解决工作开展过程中遇到的疑难问题和矛盾，及时报告、调整工作方案和成果。根据项目推进情况，开展相应辅助性的法律服务工作，参加项目相关疑难问题的论证、研讨、调查，制作项目汇报 PPT 和书面汇报文件。

4. 团队式服务。结合实际情况，本律师事务所组成项目组，对复杂、疑难法律问题及时进行集体“研讨会诊”。

【服务内容】

一、转企改制全流程指引

根据改制精神，制定项目单位转企改制工作方案，明确工作组织、转企改制实施步骤和程序，从资产、人员、业务、债权债务承继四个方面，按照分工、步骤、时限要求开展转企改制工作，形成不同阶段的工作成果。最终协助项目单位完成事业单位注销及企业工商注册登记手续。

二、事业单位转企改制项目现状调研

1. 全面查询梳理事业单位转企改制项目相关法律法规规定

就事业单位转企改制项目涉及的资产财务处置、业务剥离、人员安置、债权债务承继等方面内容，全面查询梳理相关的法律法规规定，为项目开展提供法律依据。

2. 了解拟转企改制事业单位的现状，分析转企改制过程中需要一并解决的问题并提出处理建议

在全面梳理事业单位转企改制相关法律法规规定的基础上，通过座谈会、问卷调查、书面评查等方式，了解拟转企改制事业单位的现状，分析转企改制过程中需要一并解决的问题并提出处理建议。

三、转企改制工作方案拟定

根据前期法律法规梳理，结合拟转企改制事业单位设立沿革、基本结构、开办情况、资产情况、重大合同情况、重大债权债务情况、重大法律纠纷、人员基本情况等协助完成改制工作方案的起草，指导进行内部决策。

四、转企改制项目法律文书拟定

结合项目的实际需要，起草、审查、修订改制过程中的各类法律文件，包括但不限于不同转企路径下的协议、转企后企业章程等。

五、事业单位转企改制后企业法人治理结构搭建

对于事业单位转企改制后企业法人治理结构的规范化要求，可协助项目单位搭建改制后企业的法人治理结构和管理组织体系，从决策层、管理层、执行层三个级别设计相关部门的组织及议事规则，使企业从设立初期即具备企业规范管理的条件和前提。

【风险提示】

1. 不同事业单位的转企改制进程有所区别，需根据实际情况有序开展转企改制工作。

2. 需根据事业单位转企改制后企业所处行业、特点设计完善相应的治理结构和管理体系。

【预期效果】

协助各项目单位按照行政事业单位改革总体要求，认真完成改革目标，最终建立坚持党的全面领导与企业法人治理结构相结合，改革发展和保持和谐稳定双轮驱动，维护国家、集体和职工的利益相统一，解放思想，深化改革，转变公共服务管理模式和服务方式，以市场经济为基础，以企业法人制度为主体，以公司制度为核心，以产权清晰、权责明确、政企分开、管理科学为特点的现代企业。

不良资产处置法律服务

郑　莉[*]

【服务对象】

企业、金融机构及事业单位

【需求分析】

不良资产包括已经从企业账面核销资产以及企业未核销但已作计提减值准备的各类资产。常见的不良资产类型包括：金融性不良资产，主要由贷款形成；政策性投资不良资产，比如基本建设经营性资金、国家计划内预算资金等投资行为形成的不良资产；商业投资失败形成的不良资产；在国家产业结构调整过程中涉及的政策性不良资产，比如为实现国有企业改革目标，整合优质资源，优化管理体系，对国有企业数量、管理层级实行压减，淘汰不符合国有企业产业发展方向的行业和项目，剥离已不能给国有企业带来经济效益的资产等。不良资产形成原因是投资或贷款失败，不能给企业带来预期的经济效益，无法实现预期目标，甚至无法实现其账面价值。为减少企业的

---

* 文字整理人：郑莉，北京市易和律师事务所高级合伙人，执行主任，服务领域为：公司类业务、文创类业务、教育类业务、酒店餐饮类业务。多年来为政府机关、大中型内外资企业提供常年法律顾问服务，拥有丰富的法律实务经验。

呆坏账，提高企业的经营能力，需要对企业的不良资产进行处置。

国内每年需要处置的各类不良资产超过万亿元。目前，除国有四大资产管理公司外，各省均成立了具有“AMC”资质的资产管理公司，专门经营不良资产处置业务。近年来已有多支专注于不良资产处置的基金设立，介入资金10000多亿元。在所有不良资产处置过程中，涉及多种法律关系，律师的作用非常重要。

【服务程序】

不良资产处置法律服务的主要程序为：处置意向沟通、开展尽职调查并出具报告、设计处置方案并出具法律意见书、评估处置风险、制定风险防控措施、实施处置方案、处置后风险控制。

具体业务操作流程如下：

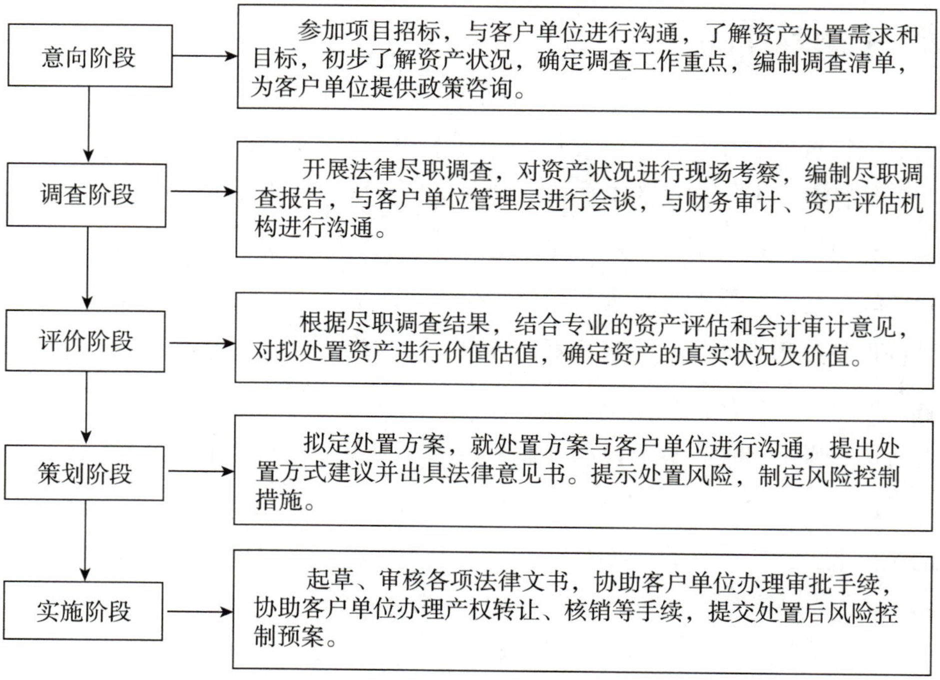

【服务方式】

不良资产处置法律服务主要采取以下方式提供：

1. 主动式、团队化工作模式。律所始终坚持全程主动式服务的模式，积极为客户单位提供有效的个性化法律服务与支持。采用团队工作制，根据客户单位需求，组建多层级、多专业律师团队提供相应法律服务。合伙人负责工作的统筹安排，参与重大事项的决策、方案论证及谈判；主办律师负责日常沟通及具体法律事务的处理；律师助理协助主办律师完成与委托人的日常联系、法律文书处理及传递。遇重大疑难事项，承办律师将组织相关专业律师及专家顾问团进行专题研讨，集体确定处理方案。

2. 主联系人定期沟通制度。为了便于客户单位全面掌握律师团的工作量及项目开展情况，可指定一名工作人员为项目主联系人，律师团确定一名律师同该主联系人建立定期沟通的模式，律师团为客户单位下属部门提供法律服务，均应报主联系人备案。

3. 多种工作方式灵活并用制度。律师团将根据服务事项的具体情况采用现场办公、会议、电话、传真、电子邮件等具体方式为客户单位提供服务，服务时间由客户单位具体工作人员同承办律师随时联系确定。律师团需要客户单位提供相关材料、进行相关调研的，客户单位具体工作人员应予以配合。

【服务内容】

一、政策咨询和可行性论证

根据资产处置行业的趋势、现状，分析资产处置的必要性及可行性。针对项目特点，提供资产处置所涉及的法律、政策以及流程方面的咨询。

二、尽职调查法律服务

项目服务律师根据拟定的项目考察要点，开展尽职调查，了解资产的基本情况，确定资产的真实性、合法性、处置的可行性、有效价值等情况。根据各个项目不同情况出具《律师尽职调查报告》《律师鉴证意见》《法律意见书》等。

三、处置方案策划

根据专业的评估和审计意见，确定资产的价值。根据资产价值、现状、处置目标，设计合理的处置方案。处置方式包括转让、国有产权交易（拍卖）、清算、诉讼追索、债转股、确权、债务重组、核销、改制、资产证券化等。

四、出具法律意见书

针对设计的处置方案与客户单位进行探讨后，出具专业的资产处置法律意见书，同时对项目的法律风险、财务风险、道德风险、市场风险进行提示，并拟定控制风险的措施与办法。

五、审核相关资料

起草、审核资产处置涉及的意向书、转让协议、清算方案、重组方案、法律意见书等各项法律文件。

六、协助办理手续

协助客户单位办理权力部门审批手续、备案手续，协助客户单位办理产权挂牌、产权变更登记、股权工商变更登记、企业清算注销、资产核销等手续。

【风险提示】

1. 律所与客户单位需签订专项服务协议，明确服务内容、服务目标、项目完成时间、双方的权利义务、服务费用等。同时，在未获得客户单位同意的前提下，项目服务律师应当对客户单位的服务内容进行保密。

2. 项目服务律师根据律师行业公认的业务标准、道德规范和勤勉尽责精神出具尽调报告及相关法律文书，所有法律文件依据报告出具日前现行有效的法律、行政法规及相关规范性文件，并以最终报告出具前能获得的所有材料，包括客户单位提供的项目材料为限，可能会由于客观条件限制，不能保证与项目相关的资料已经获取穷尽。客户单位需对所提供项目资料的真实性、准确性负责。

3. 项目服务律师仅对项目相关的法律问题发表意见，不对有关财务审计、资产评估等非法律专业事项发表意见。

4. 项目服务律师根据调查结果，与客户单位进行沟通后，从专业角度提出不良资产处置方案及处置方式的建议，供客户单位参考，最终需由客户单位进行内部决策及审批。

【预期效果】

1. 遵循国有企业改革的政策要求，协助国有企业完成结构调整、“压减”等政策性任务。

2. 协助企业完成国有政策性投资的确权与处置。

3. 保障企业处置不良资产符合法律法规的规定，把关不良资产的真实性、合法性、可操作性，减少法律风险。

4. 符合市场化要求，盘活企业的有效资产，增强企业的竞争力，提升企业的经济效益。

5. 保障企业处置不良资产的程序合法，符合公平、公正、公开的原则。

6. 争取不良资产效益最大化，既要增效减负，又要防止不恰当贬值，尤其要防止国有资产流失。

专题七

行政争议解决规范化

行政案件调解全流程法律服务

谢冬飞*

【服务对象】

行政机关、行政相对人、利害关系人

【需求分析】

运用调解方式处理行政机关和相对人之间的行政争议，及时化解社会矛盾，减少因行政复议、行政诉讼引起的直接对立，维护社会和谐稳定，是落实国家层面关于多元化解决行政争议机制的要求。最高人民法院和司法部出台了关于律师调解工作的相关意见，倡导进一步发挥律师调解工作在化解社会矛盾、促进依法治理中的专业优势和实践优势。律师参与行政案件调解，通过非诉方式积极促进案件和解和调解，对行政争议的实质性化解发挥着积极作用。

---

* 文字整理人：谢冬飞，北京市易和（昌平）律师事务所执行主任，毕业于中国政法大学。担任北京市律师协会合同法专业委员会副主任，北京市律师协会党建工作委员会委员，北京市昌平区律师协会副会长，北京市高级人民法院特邀调解员，青岛仲裁委员会仲裁员，北京市昌平区法学会会员。从事律师工作十余年，具备丰富的执业经验，办理了数百起民商事、刑事以及非诉案件。

【服务程序】

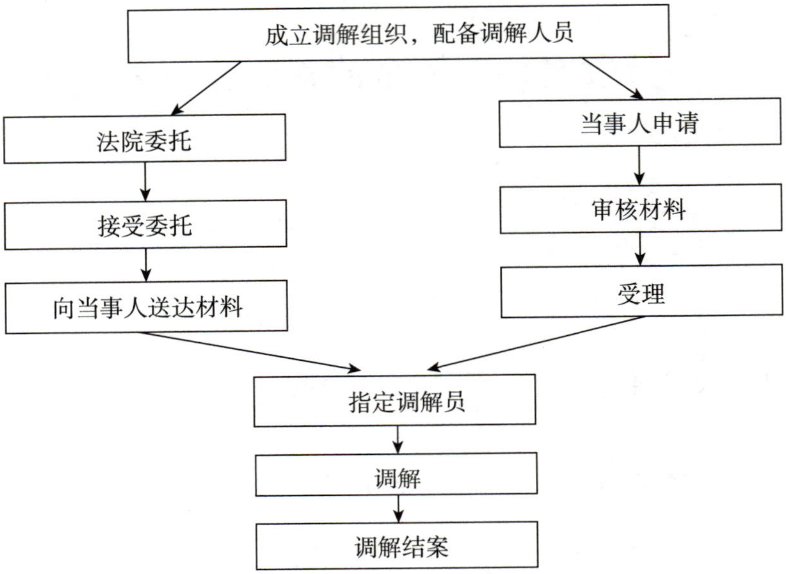

【服务方式】

行政案件调解全流程法律服务项目主要采取以下方式提供法律服务：

1. 现场服务。为方便调解工作顺利开展，约谈行政机关及行政相对人，进行面对面调解。

2. 实时服务。通过电话、邮箱、网站、微信（群）等多种方式，及时了解行政机关、行政相对人利益诉求。

3. 团队式服务。结合案件疑难复杂情况，组成律师团，对人数众多、重大、复杂的案件及时进行集体“研讨会诊”。

【服务内容】

行政案件调解全流程法律服务项目主要包括以下工作内容：

1. 审查资料，梳理案件基本情况。接受当事人或法院委托，收取相关案卷文件资料，全面梳理案件基本情况。

2. 约谈当事人，组织双方调解。确定调解日期，约谈当事人，组织双方调解，给予当事人同等的时间，鼓励双方充分交流，听取当事人争议的事实和过程。

3. 提供调解方案。调解过程中，及时归纳案件焦点和细节问题，探寻当事人的利益诉求，寻找双方的共同点，提出多种争议解决的方案和建议，供当事人选择。

4. 调解结案。经过调解谈判后，调解成功的，双方签署和解协议，督促当事人履行和解协议内容，出具调解报告。调解未果的，引导双方当事人通过诉讼途径解决。

【风险提示】

1. 调解以双方自愿为前提，双方在调解前需签署自愿调解申请书。

2. 在律师的调解主持下，调解成功后，双方达成调解协议。调解协议系双方当事人自愿作出，对双方当事人具有约束力，双方当事人应当共同遵守。必要时注意将调解协议提交法院进行司法确认确保强制执行力。

【预期效果】

基于调解本身的自主性、灵活性、快捷性、非公开、非对抗等特性，律师作为专业的中立第三方参与行政案件的调解，可以促进风险预防、社会矛盾化解，缓和行政机关和行政相对人之间的关系。对于当事人而言，律师调解使得行政机关与当事人之间的纠纷化解多了一种选择，并促进争议获得实质性解决；对于法院而言，可以实现案件分流，减轻法官判案压力，节约司法资源，从而提高审判质效；对于社会而言，通过非诉讼纠纷解决体系建立，可以实现矛盾源头治理。

政府民事合同纠纷处理法律指引

王 美*

【政府签订民事合同背景】

民法调整的系平等主体的自然人、法人和非法人组织之间的人身关系和财产关系，政府为服务于自身的行政活动，亦可作为平等民事主体签订民事合同。因政府主体的特殊性，合同签订和履行过程中存在一些特别的规定，但政府签订民事合同也应遵循自愿、平等、公平的原则，不得违反法律或行政法规的强制性规定，合同订立后，亦应遵循诚实信用原则，依约履行，若政府发现合同相对方存在违反合同约定的情形，还应及时主张权利，避免权利被侵犯和或受损。

【民事合同与行政协议的区别】

民事合同是平等民事主体之间设立、变更、终止民事法律关系的协议。而根据《最高人民法院关于适用〈中华人民共和国行政诉讼法〉若干问题的解释》第十一条第一款的规定："行政机关为实现公共利益或者行政管理目标，在法定职责范围内，与公民、法人或者其他组织协商订立的具有行政

---

* 文字整理人：王美，专职律师，山西财经大学法律硕士。主要业务领域为民商事、行政争议解决，包括各类民事诉讼、行政复议、执行案件以及纠纷调解等工作。

法上权利义务内容的协议，属于行政诉讼法第十二条第一款第十一项规定的行政协议。”

由此可见，行政协议与民事合同的主要区别在于是否具有行政法上的权利义务内容：一是是否具有行使行政职权、履行行政职责的内容；二是合同目的是否为实现公共利益或者行政管理目标；三是政府依据协议约定或法律规定是否享有单方解除、变更协议的行政优益权。

【政府签订民事合同的特点、类型】

政府签订的民事合同实质上也系为自身的行政活动服务，但又并非为直接行使行政职权、履行行政职责，例如政府购买汽车出行等；与一般民商事主体不同，政府签订合同并非为了营利，但因合同亦有价款的约定，政府签订的民事合同亦并非公益性质；政府资金源于财政拨款，合同款项的支付也有赖于政府财政，但因存在财政预算和审计制度的限制，常出现合同款项无法即时或先期支付的情况；政府民事合同的签订还需受《招标投标法》《政府采购法》等相关法律法规的约束，若违反相关法规，也须承担不利后果。

《民法典》现主要规定了以下几类合同，包括买卖合同、赠与合同、借款合同、保证合同、租赁合同、融资租赁合同、保理合同、承揽合同、建设工程合同、运输合同、技术合同、保管合同、仓储合同、委托合同、物业服务合同等，而政府相对于其他民商事主体而言，主要涉及的合同类型主要为采购、技术服务、建设工程、维修保养、物业租赁、物业管理、网络系统开发维护合同等。

【审理合同纠纷的基本思路和方法】

1

管辖权审查（不动产纠纷：建设工程合同、农村土地承包经营合同、房屋租赁合同纠纷案件适用专属管辖）

2

法律适用审查（适用《民法典》or 合同签订当时的法律 or 衔接适用）:《最高人民法院关于适用〈中华人民共和国民法典〉时间效力的若干规定》 一般规定（《民法典》施行前的法律事实引起适用《民法典》，施行后的法律事实引起适用当时的法律，施行前的法律事实持续至施行后，适用《民法典》)、溯及适用（例：施行前成立的合同，适用当时的法律合同无效而适用《民法典》合同有效的，适用《民法典》)、衔接适用

3

合同是否成立:（1）合同成立的进入效力审查；（2）不成立的释明其可主张缔约过失

4

依职权审查合同效力（区分：合同未生效；合同无效；合同可撤销或变更；合同有效）

5

法律依据及处理原则： （一）合同未生效：法律依据：《民法典》第 502 条（合同需办理批准等手续)、第 158 条（民事法律行为可以附生效条件和期限)。处理原则:《九民会议纪要》第 36－40 条（未经批准合同的效力、报批义务及相关违约条款独立生效、报批义务的释明、判决履行报批义务后的处理)、《民法典》第 502 条第 2 款。 （二）合同无效：法律依据:《民法典》第 144 条、第 146 条、第 153 条、第 154 条、第 401 条（流押条款)、第 426 条（禁止转让的动产出质)、第 428 条（流质条款)、第 497 条、第 506 条、第 680 条（禁止高利放贷)、第 705 条（租赁期限超过 20 年的该条款无效)、第 791 条等审查

是否无效。强制性规定包括：1. 涉及金融安全、市场秩序、国家宏观政策等公序良俗的；2. 交易标的禁止买卖的；3. 违反特许经营规定的；4. 交易方式严重违法的；5. 交易场所违法的等。处理原则：财产返还、折价补偿、赔偿损失（《民法典》第157条）。

（三）可撤销：法律依据：《民法典》第145条、第147条至第151条。处理原则：财产返还、折价补偿、赔偿损失（《民法典》第155条、第157条）。

（四）合同有效：主要涉及问题：1. 依据合同内容审查合同是否已履行；2. 如未履行或完全履行，是继续履行还是解除；3. 如继续履行，要写明具体履行内容；4. 是否追究违约责任（注意违约金约定标准是否需调整）；5. 如合同解除，合同解除后果应一并处理

【政府民事合同纠纷中的风险及预防】

案例1：经某区政府批准，某区政府全资控股的某国有公司（甲方）于2017年1月与某房地产公司（乙方）、某街道办事处（丙方）签订《收购协议》，约定：甲方收购某建设项目（无合法建设手续），收购价款为1.9亿余元；甲方负责补办项目建设手续，“甲方有权要求乙方协助办理相关手续工作，并承诺两年内完成，如不能按时完成，另行协商确定”，乙方需积极配合手续办理；第四条约定“付款方式”为：1. 目前已付款8550万元；2. 合同签订后，经专项资金使用联席会审议通过7日内，甲方向乙方支付收购款至1.2亿元；3. “剩余款项及税费部分，待三方共同协商后，根据项目进展情况，另行签署补充协议确定”。早在2015年，某房地产公司已将该建设交付某国有公司投入使用。协议签订后，因该建设项目补办手续过程中经规划部门审图，才发现存在超占集体土地的情况，需补办全套征地手续，耗时良久，该建设项目的手续至今未办理完毕。某国有公司已支付收购款至1.4亿余元。某房地产公司自2019年起多次向某国有公司发函催促支付剩余

收购款，但某国有公司并未支付，现某房地产公司起诉要求某国有公司支付剩余全部收购款。

案例2：某住建委作为发包人，于2013年1月与某建设公司签订《施工总承包合同》（合同版本为格式合同），约定由某建设公司作为工程的总承包人进行施工。合同约定工程款应在工程竣工结算审定后10日内支付，质保金应在缺陷责任期（2年）满后14日内支付。工程于2015年2月4日竣工验收完成，于2018年8月18日完成结算，确定审定金额为1.6亿元。后某住建委因财政资金未到位而未及时支付，某建设公司曾于2020年7月17日向某住建委发送《催款函》，于2020年12月1日发送《律师函》，催促支付结算款项，后某住建委于2022年1月才将工程款支付完毕。款项支付完毕后，某建设公司提起诉讼，主张某住建委存在违反双方合同约定，逾期支付结算款项的行为，要求某住建委支付逾期付款利息。

案例3：2000年，某加工厂作为借款人与某银行签订两份《保证担保借款合同》，共借款90万元，贷款到期时间为2001年3月和5月，保证人为某镇政府下属企业。2006年9月，某镇政府与某银行签订《协议书》，表示借款人系保证人的下属企业，该90万元借款到期后借款人未偿还本金及利息，由某镇政府承担本金90万元及贷款产生的利息。2010年9月，某镇政府再次出具《说明》，对借款人和保证人的主体情况进行了说明。某银行的该债权最终转让给某资产管理公司，后某资产管理公司于2022年7月起诉主张偿还借款及逾期利息。2001年至2021年，债权人存在催收债权的行为，但债权人在2011年前未向某镇政府主张过权利，2008年10月12日至2011年2月1日未向任何主体进行过催收。

一、合同条款约定不明、未严格执行合同约定均可能导致政府权利受损

（一）案例分析

案例1经一审法官审理认为：合同合法有效，各方均应依约履行，而合

同条款中“根据项目进展情况”的约定不具有可操作性，当事人就该笔款项的履行期限属于约定不明确，根据《民法典》第五百一十一条第一款第四项的规定：“履行期限不明确的，债务人可以随时履行，债权人也可以随时请求履行，但是应当给对方必要的准备时间”，本案中某房地产公司可以随时请求履行，但是应当给某国有公司必要的准备时间。鉴于合同写明两年内完成，而各方签订合同至今已六年，且某房地产公司已于2019年向保障房公司进行了主张，已给予某国有公司必要的准备时间，现某国有公司应予支付剩余款项。

后某国有公司已提起上诉，案件尚未审结，但若二审法院维持原判，某国有公司将需在尚有大量建设手续未办理完毕的情况下，向合同相对方支付全部收购款项，导致国有资产面临极大风险。本案所涉合同的签订及履行确实存在如下问题：一是合同签订前对项目评估不足，过于乐观估计手续办理时间；二是对价款支付的约定不明，导致一审败诉；三是在合同履行过程中出现合同签订时无法预料到的情况时，未严格执行合同约定，及时、积极与某房地产公司协商后续处理路径，导致纠纷的发生。

（二）解决和预防

本案某国有公司虽并非政府，但其签订合同已经政府批准，对政府签订民事合同亦有参考价值。

政府在签订民事合同前，应进行充分的事前评估，对于合同标的、价款、履行期限、权利义务、违约责任等重要条款，应进行具体、明确的约定。若结合合同签订的背景，确需对某些条款进行模糊化处理，亦应结合《民法典》第五百一十条和第五百一十一条等关于合同内容约定不明的处理原则的相关规定，避免不利于我方的模糊表述。

政府在签订民事合同时一般系需方、付款方，不可避免有一定的甲方心理，但民事合同签订各方均系平等民事主体，在合同履行过程中，政府亦应严格按照合同约定，及时与合同相对方沟通解决争议，积极应对合同相对方的合理诉求，并注意留存书面材料，避免争议的发生。

二、过分依赖格式合同，合同内容缺乏针对性

（一）案例分析

格式合同是政府部门或行业组织为规范合同行为、提高合同制定效率，事先拟定的合同范本。案例2中某住建委对财政资金拨款流程耗时长的情况应系明知，工程结算时间确定但财政资金到位时间无法确定，某住建委利用格式合同签订案涉施工合同时，未在专用条款中对付款时间进行相应调整，另某住建委明知自身存在违约行为，在向某建设公司支付全部结算价款的同时，未及时防范自身风险，约定双方就案涉工程不存在任何其他争议，最终导致纠纷的发生。

（二）解决和预防

政府对外签订民事合同，确实应当优先采用国家行政主管部门推荐的最新版合同示范文本，但在采用格式合同的同时，需根据约定事项的具体情况，拟定合同条款，在合同履行过程中，亦应及时根据进展情况签订相关补充协议，完善对自身权利的保障。

三、财政拨款迟延导致违约，不能阻却政府承担违约责任

（一）案例分析

因案例2中双方并未将财政资金不到位明确约定为阻却违约责任的事由，法官经审理认为施工合同系双方真实意思表示，合法有效，双方均应全面履行合同义务，某住建委延迟支付相应工程款，应当支付逾期付款利息。

（二）解决和预防

若民事合同在履行过程中确将基于政府审批、财政拨款等政府行为导致合同履行受阻，可在合同中具体、明确地将该政府行为约定为免责事由，若无明确约定，政府行为既不能阻却违约责任，亦并不属于法律规定的情势变更的情形，在政府作为民事合同主体本无主观恶意违约时，或仍需承担相应违约责任。

四、合同监管缺失，或将导致政府损失发生

（一）案例分析

在案例 2 中，某建设公司在履行施工合同过程中亦存在逾期开工的违约情形；工程竣工后，曾出现多次建筑墙皮脱落等质量问题，某住建委多次要求其维修；在工程价款结算过程中，某住建委曾于 2020 年年初欲向某建设公司支付工程款，系因该公司存在大额强制执行案件，担心款项被直接划扣而拒绝收款。某住建委对合同履行过程中的上述情况未留存任何证据材料，导致诉讼中某住建委无法在应诉时有效抗辩。

（二）解决和预防

政府签订民事合同后，在合同的履行过程中应加强对合同的监管，对合同履行全过程的重要节点留痕，在合同相对方可能违约的情况下，及时收集对方违约的证据材料，以备不时之需。

五、若对合同无效有过错，政府亦应承担赔偿责任

（一）案例分析

案例3中，某镇政府与某银行签订的《协议书》系代企业承担欠付借款及利息的偿还责任，该案目前虽尚未判决，但根据《最高人民法院关于适用〈中华人民共和国民法典〉有关担保制度的解释》第五条第一款的规定："机关法人提供担保的，人民法院应当认定担保合同无效，但是经国务院批准为使用外国政府或者国际经济组织贷款进行转贷的除外"，政府提供担保的，担保合同无效【类似案例案号：（2017）最高法民终84号】。案例3系政府代企业偿还债务，举轻以明重，政府承诺承担债务的行为更应为无效【类似案例案号：（2019）最高法民再280号】。根据《民法典》第一百五十七条的规定："民事法律行为无效、被撤销或者确定不发生效力后，行为人因该行为取得的财产，应当予以返还；不能返还或者没有必要返还的，应当折价补偿。有过错的一方应当赔偿对方由此所受到的损失；各方都有过错的，应当各自承担相应的责任。法律另有规定的，依照其规定"，合同无效并不意味着将免除政府后续合同责任，政府方若存在过错，亦应依法向合同相对方承担赔偿责任，而赔偿数额的大小，将取决于合同相对方损失的大小及政府的过错程度。

（二）解决和预防

政府在签订民事合同时，应严格审查合同内容，确定是否符合法律法规规定，避免无效合同的签订。若合同无效，政府方一般会被认定具有更高的注意义务，将可能承担相对更重的赔偿责任。

在合同履行过程中，应加强印章的管理，避免未经请示报告即擅自向合同相对方确认或者否认重要信息的情况发生。

六、适时提出诉讼时效的抗辩，也要及时主张债权，避免债权超过诉讼时效

（一）案例分析

案例 3 中的借款合同签订于 2000 年，在 2017 年 10 月 1 日《民法总则》施行前，普通诉讼时效期间均为两年，施行后变更为三年。某镇政府与某银行间的《协议书》签订于 2006 年 9 月，自协议签订之后至 2011 年，债权人并未向某镇政府主张过权利，仍持续向原借款人主张权利。2008 年 10 月 12 日至 2011 年 2 月 1 日，债权人未向任何主体进行过催收。某镇政府在 2010 年出具的《说明》仅是对借款人和保证人的主体情况进行了说明，无法体现任何债权人曾催收的意思表示，亦未体现出某镇政府同意承担债务的意思表示，诉讼时效并未中断，某镇政府可据此主张某资产管理公司的债权已经超过诉讼时效，但确曾就涉案债务出具说明，该主张存在不被法院支持的可能。

另因贷款到期日为 2001 年，而某资产管理公司于 2022 年才提起本案诉讼，根据《民法典》第一百八十八条“自权利受到损害之日起超过二十年的，人民法院不予保护，有特殊情况的，人民法院可以根据权利人的申请决定延长”的规定，某镇政府可据此主张某资产管理公司的债权已经超过最长 20 年的诉讼时效，但因 2006 年某镇政府曾与某银行签订《协议书》，法官亦可能认为因新的债务人出现，最长诉讼时效期间应从 2006 年开始计算。

（二）民事诉讼时效制度的运用

诉讼时效是指权利人在法定期间内不行使权利，该期间届满后，发生义务人可以拒绝履行给付义务效果的法律制度。权利人的权利始终存在，只是若诉讼时效期间届满，义务人可提出关于诉讼时效的抗辩，权利人的请求将

不会被支持。

诉讼时效制度的运用分为两个方面：一方面，政府作为债务人，可根据案件情况主张诉讼时效的抗辩，这并非鼓励政府拒不还债，诉讼时效的目的和价值就在于督促权利人及时行使权利，同时有利于证据的收集和判断，便于法院处理民事纠纷，维护社会关系和秩序的稳定。另一方面，政府作为债权人，应及时进行债权催收，并妥善留存催款的证据材料，避免因超过诉讼时效而导致国有资产流失。

律师参与行政争议防范化解的路径和机制

——一个多元化纠纷解决机制创新改革的视角

池英花[*]　闫丽彬[**]

摘　要： 当前，我国正处于社会转型历史时期，各种利益纠纷引发的社会矛盾成为影响社会安定的突出问题，而平安中国和法治政府建设任务也对依法行政出新挑战。行政主体在实施行政管理、社会治理等过程中引发或面临经济社会发展中出现的一些诸如征收拆迁、环境保护等新型、顽固型社会矛盾纠纷，同时面临重大安全事故、恐怖活动、环境污染、突发应急事件等公共安全问题。党的十八届三中、四中、五中、六中全会对政府法治建设和社会治理能力提出了新的更高要求，亟须推进法治政府建设及其中纠纷防范、争议化解的专业化力度和风险防控广度。近年来，在借鉴学习国外ADR基础上，我国大力推行多元化纠纷解决机制，律师及专业组织参与行政争议防范和化解逐渐纳入体系。但现行立法的局限，规

* 文字整理人：池英花，北京市易和律师事务所合伙人会议主席，创始合伙人。中共党员，具有9年法官经历，自1988年至今从事律师实务，担任北京市商业联合会副会长、专家咨询会委员，中国人民大学律师学院客座教授，国家律师学院兼职教授。

** 文字整理人：闫丽彬，中共党员，吉林大学法学博士，北京市易和律师事务所高级合伙人、管委会主任，担任多家研究性社会团体常务理事、理事等职，曾获北京市律师行业优秀共产党员，北京市优秀律师等荣誉。

则和制度建构缺失，以及律师行政争议调解角色定位及角色把控良莠不齐等问题，仍然掣肘律师行政争议化解工作展开。如何突破制度框架，设计和创新律师行政争议化解程序、规则及专业专门组织架构运行将是业界今后研究的主要课题。

关键词：行政争议；多元化纠纷解决机制；防范；化解

一、多元化纠纷解决机制下律师参与化解社会矛盾的时代担当

多元化纠纷解决机制并非舶来品，而是我国特定历史时期纠纷化解模式的创新。理想的多元解纷机制下，以诉讼为主的司法手段与人民调解、行政调解、司法调解、专业调解和商事调解等多元调解手段，行政裁决、复议、仲裁、公证等纠纷解决方式并存，有机融通并互补，政府部门、各类调解组织、律师等各方力量的作用得到充分发挥，行业性、专业性组织积极参与到社会矛盾纠纷解决当中。

（一）国家司法改革和社会治理创新推动律师参与社会矛盾化解

一方面，新的历史时期，社会矛盾多元化、新型化及社会发展风险防控需求增强，党的十八大和十八届三中、四中、五中、六中全会对政府法治建设和社会治理能力提出了新的更高要求，现有社会治理模式和纠纷解决方式已无法满足矛盾预防和解决需求。国家有关文件明确提出组织、推动律师充分发挥在化解矛盾纠纷中的作用，拓展人大代表、政协委员、律师等第三方参与矛盾纠纷化解的途径，建立完善律师调解制度，鼓励和规范律师参与重大复杂矛盾纠纷化解。

另一方面，多元化纠纷解决机制被列为司法改革目标之一及整体目标实现的重要保障措施。最高人民法院从 2004 年开始，连续三个司法改革五年纲要都将促进多元化纠纷解决机制作为重要目标。先后制定发布了《关于建立健全诉讼与非诉讼相衔接的矛盾纠纷解决机制的若干意见》（2009 年）、

《关于深入推进矛盾纠纷大调解的指导意见》（2011 年），并通过与相关部门会签协议等方式推动专业性、行业性调解的发展。立案登记制改革后法院面对空前审判压力，最高人民法院公布的数据显示，立案登记制实施第一年全国法院立案同比增长 23.43%。推进多元化纠纷解决工作有效缓解法院审判压力，同时形成中国式调解新格局。最高人民法院《关于人民法院进一步深化多元化纠纷解决机制改革的意见》（法发〔2016〕14 号）将推动律师调解制度建设作为多元化纠纷解决机制改革的重点。最高人民法院《关于人民法院特邀调解的规定》（法释〔2016〕14 号）进一步明确了律师作为特邀调解员的法律地位。委托律师等社会力量参与调解，分解了法院部分司法职能，拓展了司法和社会效益，专业思维引入对司法程序的完善和提升也起到一定作用。2016 年北京市高级人民法院将委托调解纳入政府购买社会服务项目，实现了委托行业性、专业性组织参与纠纷解决的重大调整。

（二）律师参与行政争议防范化解是多元化纠纷解决机制的重要组成

ADR 发端于美国，在世界各国和地区发展应用。在环境污染、产品责任、交通事故、医疗纠纷、大规模侵权纠纷等新型纠纷处理中，ADR 显示出独特的作用。同时，ADR 在预防纠纷发生、形成规则、维护公共道德、提高共同体凝聚力以及社会治理中的功能也日益得到重视。法院在推广 ADR 方面的态度愈加积极，不仅在审前准备程序中广泛应用 ADR，而且将其引入审判过程，甚至上诉、再审程序。[①] 多元化纠纷解决机制的价值取向更侧重于纠纷的化解，这既包括事后化解也包括事前化解，而多元化纠纷解决机制的建立及律师的角色作用发挥更有利于纠纷的防范和事前化解。

① 参见范愉：《当代世界多元化纠纷解决机制的发展与启示》，载《中国应用法学》2017 年第 3 期。

我国的多元化纠纷解决机制很大程度上借鉴了 ADR 模式，但又独具中国特色，行政争议专业调解是该机制中不可或缺的部分。近年来，公共机构（公权力机关）在实施行政管理、社会治理等过程中引发或面临经济社会发展中出现的一些新型、顽固型社会矛盾纠纷，同时面临重大安全事故、恐怖活动、环境污染、突发应急事件等公共安全问题。新的矛盾形态和纠纷类型现状越来越需要社会各方力量多元参与纠纷化解，尤其政府法律服务律师可以协助政府机关运用法治思维、法律手段，防范、疏导和化解社会矛盾，协助法院调解行政争议。但目前从国际调解趋势看，虽然很多国家推行强制调解，并逐渐拓展调解至刑事和行政领域，如荷兰监察专员制度和调解基金会，但仍未形成成熟的行政争议化解系统化机制和组织体系。因此，搭建行政争议防范化解平台，组织律师防范、疏导矛盾纠纷和预防性参与化解行政争议，完成行政争议行业调解组织建设，是加快多元化纠纷解决机制改革创新的有机组成部分和重点工作。

二、行政争议防范化解工作的现实问题及困境

社会中各种矛盾化解方式，总体上可以做这样的划分：从是否司法介入的角度可以分为诉讼与非诉讼，从化解时点角度可分为源头化解和补救性化解。过去我国纠纷解决更关注矛盾纠纷形成后甚至对簿公堂之时的化解工作，往往忽视矛盾纠纷形成前的预判和源头防范型化解。近年来，在社会治理创新过程中，党中央和国务院强调社会矛盾纠纷的源头化解，也由此引入了纠纷防范化解机制，尤其在防范和化解行政争议中，律师的主动式服务和中立性参与得到一定程度的认可，同时也凸显出现行机制的问题。

（一）行政领域纠纷争议及其解决主体思维和行为的局限性

具有公共事务管理职能的国家机关、法律法规授权的组织在行使公共事务管理权力过程中难免发生与行政相对人的矛盾纠纷，在这个争议产生和化

解过程中几方主体的局限性主要体现为：

1. 行政主体及工作人员在预判和解决矛盾纠纷中缺乏法治思维和法治方法。

2. 行政相对人在法律框架内主张权利、确定义务、表达诉求的路径不健全、方式单一。

3. 基层自治组织在社会矛盾化解中的作用未能得到充分发挥。

4. 律师在行政领域服务缺乏整体、联动的矛盾和法律风险防范化解机制及平台，服务仍停留在个案应对，缺乏纠纷防范和解决的规则和标准。

（二）行政领域纠纷化解存在诸多实际困难和可操作性问题

近年来，虽然党和国家高度重视社会矛盾调解机制建设，政府大力支持替代性纠纷化解方式，但实践中行政争议化解工作仍有许多困惑：

1. 调解职能缺乏明确划分，调解活动缺乏统一规范。社会矛盾化解工作缺乏高位阶、具体化、实操性的规范指导，且行政主体内部调解职能划分不够明确。未形成社会矛盾化解系统化、规范化的工作机制。

2. 调解组织及人员管理欠规范，资源待整合。社会矛盾调解人力资源匮乏，尚未实现调解资源及经验共享。另外，专业的调解工作者缺乏定向和定期培训，缺乏交流平台。

3. 调解工作与法院司法活动缺乏有效对接。替代性纠纷解决机制与诉讼环节如何有机衔接，以及行政争议调解的效力认定等问题大部分仍然没有明确规定。

（三）行政争议化解与现有立法及制度架构冲突

非诉讼机制的功能不仅是辅助或扩大司法利用，还具有维护民间自治机制、保护多元文化的价值。而如何将民间、非正式和传统的纠纷解决机制纳入法治的框架，始终是非西方国家法治与社会发展的重要课题。[①] 在我国，尤其行政争议的调解向来存在争议，而专事行政争议化解组织的定性、定位和实际运作更成为实践需要突破的难题。从《行政诉讼法》（1989 年）第五十条规定“人民法院审理行政案件，不适用调解”到《行政诉讼法》（2014 年修正）第六十条第一款规定“人民法院审理行政案件，不适用调解。但是，行政赔偿、补偿以及行政机关行使法律、法规规定的自由裁量权的案件可以调解”，虽然对诉讼中的行政争议调解适用做了突破性调整，但在“不适用调解”大原则下，行政争议调解化解方式的理论控制和实操局限仍为行政争议专项化解工作的羁绊。

审视行政司法实践，根据最高人民法院公布的数据，近年来专业调解和商事等调解方式迅速崛起，并在诉讼调解中发挥重要作用，调解案件比例逐年上升。但反观行政争议案件，仅以 2016 年全国行政复议、行政诉讼案件审理情况统计为例，行政争议调解结案的比例仍然微乎其微（见图 1）。

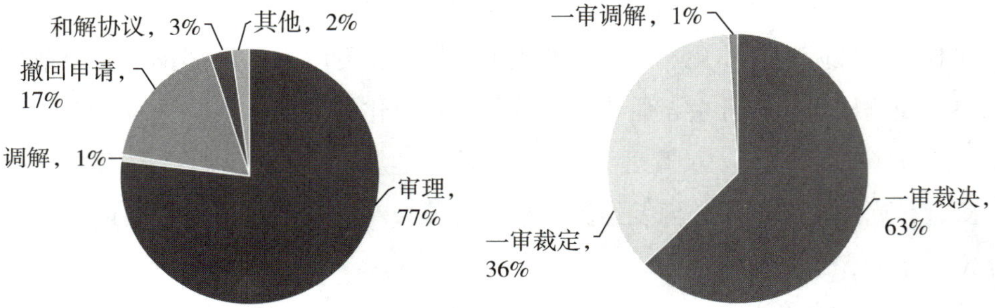

图 1　2016 年全国行政复议、行政诉讼案件审理情况统计

三、律师有效参与行政争议防范化解的主要路径

笔者认为，律师参与行政争议化解，是我国多元化纠纷解决机制改革创新的一个重要方面，应该是全方位的。化解工作应该贯穿矛盾发端、产生、

---

① 参见范愉：《当代世界多元化纠纷解决机制的发展与启示》，载《中国应用法学》2017 年第 3 期。

演变、协商、转化、解决始终，从帮助政府官员、执法人员转变思维，树立法治理念开始，将矛盾纠纷预防贯穿政府重大决策、行政立法、行政执法、司法诉讼等全过程，推动源头治理，并通过防范性介入和诉调对接帮助法院扩展角色功能并提高司法社会效益，促进社会矛盾预防和化解。

（一）通过制度设计和建构使律师服务成为矛盾纠纷化解的一种常态渠道

党的十八届四中全会后，我国进入全面依法行政新时代，对政府执政能力及行政管理提出更高要求，法律服务要推动治理模式向系统治理、依法治理、综合治理、源头治理转变。

1. 从行政管理和社会治理角度，建立健全重大决策法律和社会风险评估、突发公共事件处置管理、政府项目廉政风险防控、农村矛盾问题防范疏导、信访渠道化及化解方式创新等体系，实现全方位多层面预防、化解社会矛盾和行政主体法律风险。

2. 通过对行政立法、行政执法、行政监督、行政指导等容易发生重大法律风险和社会矛盾的行政活动领域进行实际调查，进行典型问题分析、法律依据支撑、解决路径设计等，助推行政机关依法行政、提高政府公信力和治理能力，提前化解矛盾纠纷，防范行政风险、创建社会和谐。

3. 通过设计完善法律风险和矛盾预防各项制度，构建配套对接制度体系，防范行政风险，创建和谐环境。推动创新社会矛盾、法律风险预防和化解机制，实现系统治理、依法治理、综合治理、源头治理。

（二）通过防范性介入和诉调对接提高行政争议化解律师参与程度和司法社会效益

政府全面依法行政的新的要求下政府的管理机制及体系架构尚不完善，管理制度缺失或未及时更新，政府工作方式还停留在过去的上令下达思维模式及管理模式下。因此，一方面司法监督已经敞开大门，人民群众的法治思维大大加强；另一方面行政违法在各项工作中屡见不鲜，人民法院压力很大。根据我国《行政诉讼法》的规定，大量的行政案件不能进行调解。因此，通过民间调解机构设立，从多角度出发，转换多种法律关系（为民事、民主等）进行有效调解，化解政群矛盾，减少诉累。律师可与法院系统联合推动行政诉讼立案前介入，通过对政府重大项目中引发社会矛盾纠纷的行政行为进行合法性、合理性分析，建议行政机关及时调整和纠正错误行为，通过专业技术支持实现预处理重大疑难案件，扩展法院角色、提高司法社会效益。

（三）通过整合行业优势和专业资源促进健全多元化调解组织和机制

多元化纠纷解决机制是一个需要多行业、多领域、多层面参与的系统工程，律师作为职业法律人在其中扮演不可或缺的角色。而这一法律职业作用的发挥必须依赖群体动机和行为规范，因此在行政争议风险防范和化解工作中，搭建律师法律服务平台，整合行业优势资源，健全律师争议化解工作组织和机制将是充分发挥律师作为社会治理专业群体可持续积极作用的必然路径。

四、律师参与行政争议防范化解的具体设计及实施建议

结合前述，律师参与行政争议防范化解应基于参与方式进行具体化设计以达最大化实效。笔者总结律师参与行政争议化解方式主要有以下三类：一是当事人直接委托调解，行政争议纠纷发生后，一方当事人申请，对方同意参与调解，或双方当事人同时申请启动调解。二是前期介入主动启动化解，通过参与重大决策、项目、突发事件等，预判化解矛盾风险于行政过程中，或争议发生后，经当事人同意，引导启动非诉讼调解程序，避免纠纷演化，

减少诉累。三是法院特邀调解，根据现行司法解释规定分为立案前委派调解和立案后委托调解（见图2）。

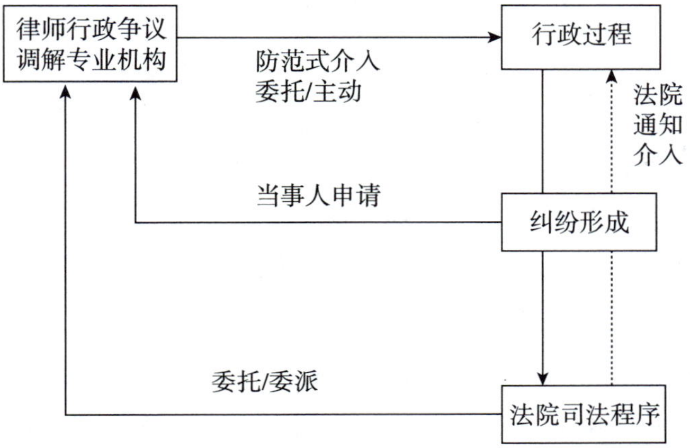

图2　律师参与行政争议化解方式

（一）协助行政主体运用法治思维、通过法律手段防范、疏导矛盾

加强前期行政过程介入和矛盾预判，在当事人诉诸法院前启动调解化解争议，是行政争议化解工作的重点，也是实现矛盾源头化解的主要措施。笔者根据常年政府法律服务经验总结出一套前期介入设计方案、预案，执行过程密切跟踪，事后积极分析化解的主动式介入式服务工作模式，协助防范和源头化解矛盾纠纷的同时达到最佳行政效果：

1. 通过职能梳理、行权手册定制及法律风险评估等工作，协助规范政行政为，确保依法行政，防范行政争议或由此引发民事纠纷。

通过全面梳理各级政府及其部门职能，形成行政职权清单，量身定制行权手册，设定职权管理规则，明确责任主体、行政程序、执法标准、责任追究等，制作管理规则操作指引。协助政府机关明晰权力、规范行为，实现依法行政的规范化、制度化。在重大项目重大决策中，协助政府调查分析法律和社会风险，通过法律途径和手段提前预判和防范矛盾纠纷。例如，2014年北京 APEC 会议民俗街土地一级开发项目中，涉及的法律关系复杂，社会矛盾一触即发且容易形成群体性事件，因此，在项目实施前，我们用大量时间配合政府制定了拆迁需要的全部法律方案、社会矛盾风险分析及预案、配套文书等。由于工作充分，仅用了40天就顺利完成了全部拆迁，没有遗留任何问题。

2. 完善社会矛盾风险预警防范机制，提高行政主体社会掌控能力，在法治框架内疏导化解矛盾，实现系统治理和整体防范。

3. 提供法律实践及热点培训以及裁决、复议流程和程序规范指引，协助提高政府机关通过行政司法解决行政争议以及通过行政调解解决与行政管理活动相关民事纠纷的能力。

定期组织针对所服务的政府及其职能部门各层次人员的专业法律实务培训，增强其法律风险意识、防范意识。同时，协助政府部门梳理和完善裁决、复议、行政调解流程和程序规范指引，展开对所服务各级政府及其部门的规范性文件合法性、内部工作流程规范化、行政程序合法、科学的审查和完善工作。

4. 主动协助政府引导当事人正面协商和化解纠纷，积极探寻高效低成本的纠纷解决方式，将行政争议解决纳入法治轨道。

努力通过协商、调解，通过民事手段化解行政争议。对陷入僵局的纠纷事件，及时引导当事人通过正当的诉讼途径解决，避免恶性事件或无理缠访。例如，地铁昌平线建设过程中施工扰民，遭群众阻挠，难以推进，我们经论证和分析，设计了扰民问题处理的三种方案供群众选择，不仅按时完成工程任务，也保证了群众利益没有受到损害，及时化解了社会矛盾。

5. 参与政府加强和改进信访工作，推进诉访分离，努力形成法治、透明的信访工作模式。

积极参与信访接待及受理工作，为上访群众提供法律咨询服务，对信访事项中应该通过诉讼、仲裁、行政复议解决的问题，及时引导群众依法行使权利、表达诉求、解决纠纷，对无理缠访人员进行法律宣传教育。特别是针对可能引发群体事件或不稳定因素的重点信访案件，律师在尊重事实的前提下准确提供法律依据和分析建议，并与政府机关共同研讨处理方案及回复。

推动政府把信访纳入法治化轨道，保障合理合法诉求依照法律规定和程序能得到合理合法的结果。

（二）开拓思维设计规则，完善行政争议调解有机衔接的多元化解决机制

1. 突破“不适用调解”限制，多层面引入行政争议调解

行政争议多元化调解机制改革的重点是突破“不适用调解”原则的限制，建立行为规范、专业调解与司法确认的有机连接。

事实上，“不适用调解”原则依据是行政主体对公权力无处分权的理论，与行政争议全面调解并不相悖。以行政强制拆除引发的行政争议为例，相对人违法建设事实存在且已被法定部门认定违法，行政主体查处违反法定程序，强制拆除违法建设。根据《行政强制法》《行政诉讼法》进入诉讼程序，法院判决确认行政程序违法，而对违法建设的补偿按照司法评估达不到相对人预期，实践中通常为残值补偿。行政争议双方以及法院除时间成本的消耗外，其他层面并无实质性获益。如通过调解，在行政相对人承认违法事实并接受纠正的基础上，行政主体给予行政相对人适当补偿，同时行政主体作出审查和修正行政程序，完善违法建设查处强制拆除程序及相关工作的承诺，设定时间检查落实情况，行政相对人可参与后续监督。因此，这种争议通过专业机构律师调解更容易权衡当事人的权益和职能，实现社会秩序恢复和社会效益最大化。

2. 行政争议诉讼与非诉讼解决方式有效衔接机制设计

多元化纠纷解决机制本身内含着诉讼与非诉讼两大解纷方式以及二者的衔接。我国行政争议化解非诉和诉讼衔接方面目前面临的主要问题是介入时点、范围、程序对接和效力确认。完善行政争议诉调对接工作机制的初步设计如下：

（1）“防调结合”

成立律师重大项目法律风险评估工作组，采取预防与调整相结合方式对

重大项目预先介入，分析法律关系及潜在风险。

具体工作流程：市各级政府及职能部门向法院通报重大项目情况—法院初步分析发现问题提交重大项目法律风险评估工作组—重大项目法律风险评估工作组进行法律风险评估—重大项目法律风险评估工作组指导项目主体调整法律关系，改变工作方式，以化解风险—重大项目法律风险评估项目组协助项目主体建立合法、合理、高效的工作规则和机制—重大项目法律风险评估项目组指导设计制作项目实施全套工作流程，规范相关法律文书。

（2）“调立结合”

成立律师社会矛盾纠纷化解工作组，对项目中的群访群诉案件，根据调解与立案结合原则，进行化解。

具体工作流程：对项目中引发社会矛盾纠纷的行政行为进行合法性、合理性分析—经分析发现确存错误的，建议由行政机关调整纠正，通过以法院名义出具司法建议，解决处理—做双方工作进行调解，规定时间内调解不成的，由法院正式立案处理。

（3）“调裁结合”

成立律师行政诉讼调解工作组，根据案件实际情况，庭前接触双方当事人，启动调解工作，实现调撤、调和、调裁。

具体工作流程：核查案件证据材料，初步判断案件情况—组织双方进行调解—根据双方要求出具调解书或提交法院制作调解裁定—调解不成的，制作调解意见，提交法院。

行政争议调解律师配合开展庭前调解工作，实现诉调对接，通过庭前接触双方当事人，以解决问题为原则，充分尊重当事人意愿，转换角度，通过法律关系及权利义务的分析，正确引导当事人撤诉、和解，调解不成的，调解认定和意见可直接作为法院裁判辅助，能够有效缓解法院审理压力。

（三）完善行政争议专业调解组织建构管理，专业培训提升争议化解能力

行政争议化解是法治中国建设中一项重要的系统工程，并非律师个体能够承载和实现的。对行政争议的全方位介入和实质性化解，更需要专业、分工和协作，我们必须有一个组织共同推进。即使行政调解运用较多的荷兰，也一度缺少行政行为过程中专门性调解机构。曾经的一项欧洲理事会建议［（2001）9号］提出行政当局和私人当事方之间诉讼替代方式：调解可以由当事人或一名法官发起，也可以根据法律强行进行。并且，调解员可以建议行政当局根据合理或合法的理由废止或修正一项行为。[①] 然而值得庆幸的是，在ADR起步较晚的我国，却率先成立了专门的行政争议防范化解组织——公共机构法律风险防范服务中心，这得益于最高人民法院、北京市高级人民法院司法改革工作的大力推进，2015年年底推动成立了北京多元调解发展促进会，促进会集合了各专业调解机构，其中公共机构法律风险防范服务中心专注于行政争议的防范化解工作，从律师行业、法律专家、其他专业人士中招募调解人员，并集中定期对调解人员进行培训，持证上岗。

其实，我们的律师行政争议专业调解组织——公共机构法律风险防范服务中心这种设计类似于美国的监管谈判、荷兰设立的各类调解基金会等。调解基金会在行政决策过程中即参与并掌握与日后调解行政争议相关的专业知识，在决策形成的早期阶段了解各相关利益群体诉求并推动达成共识，避免决策执行过程中争议和阻力，对行政争议有良好的预防作用。通过行业推进，促进行政争议化解专业化发展，积极落实社会矛盾纠纷化解的多方参与、有效参与，推动多元纠纷调解组织和机制健全和完善。建立专家型调解人才信息库，行业性专业调解组织采取专职加专业的工作运行方式，提高调

---

① 参见［澳］娜嘉·亚历山大主编：《全球调解趋势》（第2版），王福华等译，中国法制出版社2011年版，第278页。

解工作专业程度，增强调解工作社会影响力和公信力。

专业调解组织的有效运行除了科学的组织架构，更离不开制度规则维系。除依循多元调解统一的行为规则和示范文本，行政争议专业调解机构要设立行政争议调解员调解行为规范和调解技术规则，以及完善调解工作必需的流程和配套文书。

另外，建立行政争议调解文化和行政争议防范化解评估体系也有助于争议化解管理工作规范化和提升争议化解能力。通过系统的评估评价体系发现问题，总结经验，实现化解工作的标准化、规范化、制度化，逐渐形成行政争议化解甚至多元化纠纷解决机制的自觉规则和调解的中国特色文化。

（四）搭建联动矛盾风险防范化解机制及平台，实现行政争议立体化解决

行政争议矛盾化解律师应承担行业的社会责任，借助多元调解平台，落实社会矛盾纠纷化解的多方参与、有效参与，推动多元纠纷调解组织和机制健全和完善。比如将全国各地政府业务专业律师、相关专家纳入调解信息库，开展标准化培训，统一行政矛盾争议防范化解程序流程，实现社会矛盾预警机制、利益表达机制、协商沟通机制、救济救助机制全面确立和健全。

而且，在全行业内搭建社会矛盾化解平台，有利于全国性、区域性重大疑难纠纷的跨地区跨领域联合调解、联动处理。同时，平台为调解组织及人员提供良性互动平台，提高行业调解组织的整体业务水平。英国的“ADR net Ltd”全国律师专业机构调解模式可以借鉴，今后可以通过多元调解促进会、律师协会等组织搭建全国行政争议调解律师平台网络，统一设计课程集中开展政府法律服务专业化标准化提升培训及行政争议专业调解培训，推动各地政府依法行政，创新社会治理，社会矛盾尤其行政争议源头化解以及纠纷调解机制联动等。

最高人民法院《关于人民法院特邀调解的规定》（法释〔2016〕14 号）明确了律师和专业组织参与调解的主体地位，但目前仍缺乏组织建设、律师

调解管理机制，专业调解组织职能划分，以及调解程序、诉调对接程序上的明确规定。联动平台将打破以往律师工作的传统模式，增强职业效用，统一制度规则，健全管理机制，发动更多的律师参与到法治政府和平安中国建设中，推进律师业区域均衡发展及服务质量和水平整体提高。同时，通过分析和完善行政争议和法律风险防范化解体系设计、整体规划，提升政府平安中国建设能力和水平，将进一步推动社会治理的法治化、科学化和现代化。

（五）推动行业调解与国际接轨走市场化道路

律师行政争议化解机构作为多元化调解机制中的行业性专业调解组织应该走市场化道路。从国际做法看，ADR 通常以公益性服务为主调，提倡收费服务和市场化模式。争议调解大多为固定收费，如美国律师调解一次争议获得 150 美元补贴，德国成功的调解 20 欧元，失败的调解 10 欧元。行政争议调解收费和经费可考虑政府补贴向收费调解和市场化运营过渡，今后可考虑按标的额比例收取行政调解费用。

另外，政府产业和人口疏解、征收拆迁、拆违等项目中行政任务紧、行为不规范导致大量社会矛盾，且大量涉及集体土地、农民利益，矛盾容易激化，群体事件频发。在处理此类事件中，可以考虑设置争议化解专项资金。

附录　政府法律服务项目成果模板选编

【行权手册项目】

行权手册项目需求调查问卷

为有效推行行权手册项目，特针对贵单位的科室设置、职责分工、行权情况等主要问题进行调查了解，以便为贵单位提供个性化、专业化、标准化的法律服务，切实协助贵单位推进依法行政工作。本调查问卷请根据实际情况进行填写，感谢对我们的信任以及对我们工作的支持与配合！

注：在“（　）”和“____”中填写相应内容，在“□”中选择打“√”。

填写人：

姓名：________　部门：________　职务：________

1. 贵单位一共有哪几个科室？

（　　）个，分别是：____

____

2. 上述科室中，哪几个科室具有对外行政职权？

（　　）个，分别是：____

____

3. 有无“三定方案”明确每个科室的行政职能？

□有，提供三定方案

□无

4. 有无相关权力清单、责任清单?

□有，提供

□无

5. 有无相关政策法规汇编和业务指导手册等?

□有，提供

□无

6. 有无相关考核制度?

□有，提供

□无

7. 一般办理事项是否经过科员办理—科长审核—主管领导批准程序?

□是

□否，一般做法：____

8. 一般哪些事项需要经过单位负责人审批?（列举填写）

____

再次感谢您对我们的信任以及对我们工作的支持与配合!

材 料 清 单

根据党的十八届四中全会精神以及《法治政府建设实施纲要（2015—2020年）》、国务院办公厅《关于印发国务院部门权力和责任清单编制试点方案的通知》等文件要求，亟须制定行权手册规范行政行为。行权手册将提供一套完整的行政事项办理指南，包括依据的法律法规、办理流程、使用的法律文书、岗位职责等，指导工作人员依法行使各项行政职权。为了加强行权手册的完整性与可操作性，更好地开展依法行政工作，请各科室在________年____月____日前将下述材料（电子版、纸质版均可）交至【牵头负责科室】：

1. 结合实务按要求填写《科室权力清单》（附后）；

2. 在履行行政职责过程中所依据的法律法规政策（可制作常用法规目录或提供相关政策法规汇编）；

3. 在履行行政职责过程中使用的文书模板（可提供上级部门发放的工作指导手册）；

4. 在履行行政职责过程中出具的相关批复文件等；

5. 其他认为需要提供的材料。

各科室应保证其提供的文件、资料和陈述的真实性、完整性。

科室权力清单

序号	职权名称	职权类别	法律依据	办理要件	办理时限	岗位职责	法律责任	收费标准与依据	备注
2	负责二、三级社会体育指导员技术等级称号授予	行政确认	《社会体育指导员管理办法》 第五条　国家体育总局主管全国的社会体育指导员工作。县级以上地方体育主管部门负责本行政区域内社会体育指导员工作。 各级体育主管部门应当将社会体育指导员工作纳入体育工作规划，列入工作考核评价体系，为社会体育指导员开展志愿服务提供保障，依法对社会体育指导员工作进行管理、指导、监督。 社会体育指导员由其开展志愿服务所在地的县级体育主管部门实行属地管理。 第十四条　各级体育主管部门或经批准的协会按照社会体育指导员技术等级标准，批准授予相应等级社会体育指导员称号：	/	3个工作日（申请与受理）+28个工作日（审查与决定）+7个工作日（颁证与送达）	对在本辖区开展志愿服务的申请人，按照二级、三级社会体育指导员技术等级标准，批准授予相应等级社会体育指导员称号，并颁发由国家体育总局统一制作的等级证书、证章。	《社会体育指导员管理办法》 第三十八条　地方各级体育主管部门和有关组织、单位违反本办法，未履行社会体育指导员工作职责的，由其上级部门或有关主管部门责令限期改正；拒不改正的，对负有责任的主管人员和其他直接责任人员依法给予处分。	不收费	

续表

序号	职权名称	职权类别	法律依据	办理要件	办理时限	岗位职责	法律责任	收费标准与依据	备注
			（一）县级体育主管部门批准授予三级社会体育指导员技术等级称号； （二）地（市）级体育主管部门或经批准的省级协会批准授予二级社会体育指导员技术等级称号； （三）省级体育主管部门或经批准的全国性协会批准授予一级社会体育指导员技术等级称号； （四）国家体育总局批准授予国家级社会体育指导员技术等级称号。						

填表说明

一、“序号”是为方便统计本科室共计多少项行政职权，依次用阿拉伯数字列明即可。

二、“职权名称”即指代“该项行政职权是什么”，主要由“行为对象＋职权类别”组成，如：对从事计划生育技术服务的机构，使用没有依法取得相应的医师资格的人员从事与计划生育技术服务有关的临床医疗服务的行为进行处罚。可参照相关法律条款中的表述。

三、“职权类别”即该项行政职权的定性。分为行政处罚、行政强制、行政检查、行政许可、行政确认、行政征收、行政给付、行政奖励、行政裁定、其他权力。视职权内容具体填写。如难以判断的，可先空着不填。

四、“法律依据”即该项行政职权来源的法律、法规、规章、规范性文件名称或具体条款。如：《计划生育技术服务管理条例》第四十条　从事计划生育技术服务的机构违反本条例的规定，使用没有依法取得相应的医师资格的人员从事与计划生育技术服务有关的临床医疗服务的，由县级以上人民政府卫生行政部门依据职权，责令改正，没收违法所得；违法所得 3000 元以上的，并处违法所得 1 倍以上 3 倍以下的罚款；没有违法所得或者违法所得不足 3000 元的，并处 3000 元以上 5000 元以下的罚款；情节严重的，并由原发证部门吊销计划生育技术服务的执业资格。

五、“办理要件”即行使该项行政职权需要相对人提交哪些材料等。如：物业服务资质证书破损补证的办理要件为：1. 企业自行书写破损换证申请（法定代表人签字并加盖印章）；2.《企业法人营业执照》副本复印件；3. 企业法人《组织机构代码证》副本复印件；4.《物业服务企业资质证书》正、副本原件。

六、“办理时限”即办理该项行政职权规定须在多少时间内完成。如：收到申请材料后 5 个工作日内。

七、“岗位职责”即办理该项行政职权工作人员的工作内容。如：受理审核申请材料，并进行送达告知。

八、“法律责任”即法律（广义）规定的行政机关及其工作人员需要承担的法律后果。如：违反本条例的规定，国务院建设行政主管部门、县级以上地方人民政府房地产行政主管部门或者其他有关行政管理部门的工作人员利用职务上的便利，收受他人财物或者其他好处，不依法履行监督管理职责，或者发现违法行为不予查处，构成犯罪的，依法追究刑事责任；尚不构成犯罪的，依法给予行政处分。

九、“收费标准与依据”即办理该项行政职权是否需要收费；如收费，写“是”，以及它的依据；不收费，写“否”。

十、“备注”一栏如有特殊情况需要说明的则填写，如无则不用填写。

本清单的填写主要想了解本科室目前共有多少项行政职权，所以根据科室情况据实填写，有何问题可向律师咨询。

责任承诺书

为支持本单位行权手册项目，提升依法行政水平，本人代表本科室郑重承诺如下：

一、积极配合律师工作，指定专人负责与律师对接行权手册项目具体工作。

二、按要求提供行权手册项目所需的相关材料，认真填写本科室权力清单，并对所提供材料、所填写清单的真实性、完整性负责。

三、及时对律师出具的行权手册、法律法规汇编等工作成果予以反馈，有修改意见的及时提出。

四、积极参加行权手册项目的相关会议、培训，认真学习行权手册。

五、行权手册印发执行后，严格落实行权手册，依法全面履行行政职能。遇有职能变化、政策调整等情况，及时向律师反映、沟通。

如因本科室违反上述承诺而导致律师梳理的行政职能存在漏项、错项等情况，从而影响行权手册项目的实施，本科室自愿承担相应责任。

【科室名称】承诺人：科室负责人

【　】年【　】月【　】日

行 权 手 册

第一部分　行政职能及其行使规则

（一）负责二级、三级社会体育指导员技术等级称号授予

【职权名称】

负责二级、三级社会体育指导员技术等级称号授予

【职权类别】

行政确认

【法律依据】

《社会体育指导员管理办法》

第十三条　开展志愿服务并符合条件的人员，均可依照本办法的规定，申请授予或晋升相应的社会体育指导员技术等级称号。

第十四条　各级体育主管部门或经批准的协会按照社会体育指导员技术等级标准，批准授予相应等级社会体育指导员称号：

（一）县级体育主管部门批准授予三级社会体育指导员技术等级称号；

（二）地（市）级体育主管部门或经批准的省级协会批准授予二级社会体育指导员技术等级称号；

（三）省级体育主管部门或经批准的全国性协会批准授予一级社会体育指导员技术等级称号；

（四）国家体育总局批准授予国家级社会体育指导员技术等级称号。

第十五条　申请授予或晋升社会体育指导员技术等级称号的人员，应当向开展志愿服务所在地的县级体育主管部门、经批准的省级协会或委托的组织提交下列材料：

（一）申请书；

（二）社会体育指导员技术等级培训合格证书，或高等体育专业学历、体育教师、职业社会体育指导员、教练员、优秀运动员资质证书；

（三）所在单位或体育组织的推荐书；

（四）申请晋升的，需提交原技术等级证书；

（五）单项体育协会对申请人所传授的体育项目有技能标准要求的，需提交该体育项目的技能培训合格证书；

（六）参加继续培训、工作交流和展示活动的证书或证明。

第十六条 受理社会体育指导员技术等级称号申请的县级体育主管部门、经批准的省级协会或委托的组织负责审查申请人提交的材料，并将申请批准授予权限范围外等级称号人员的材料逐级提交。

第十七条 各级体育主管部门和经批准的协会按照批准授予权限，对申请材料进行审核，在收到申请材料三个月内做出批准授予的决定并予以公布。对未予批准的询问和申诉，应当予以答复。

第十八条 被批准授予或晋升技术等级称号的社会体育指导员，由批准的体育主管部门或经批准的协会颁发证书、证章。

社会体育指导员技术等级证书、证章由国家体育总局统一制作。

【收费标准及依据】

不收费

【办理要件】

1. 社会体育指导员技术等级称号申请审批表（原件）；

2. 申请人 1 寸近期免冠彩色照片（原件，2 份）；

3. 社会体育指导员技术等级培训合格证书、高等体育专业学历证书、中华人民共和国教师资格证书、职业社会体育指导员等级证书、北京市体育教练员专业技术资格证书、运动员等级证书（选其一，原件，仅供查验）；

4. 申请二级社会体育指导员的还需：三级社会体育指导员证书，或参加继续培训、工作交流和展示活动的证书（原件，仅供查验；复印件）。

【办理时限】

法定办结：63 个工作日

承诺办结：28 个工作日

3 个工作日（申请与受理）+28 个工作日（审查与决定）+ 7 个工作日（颁证与送达）

【岗位职责】

对在本辖区开展志愿服务的申请人，按照二级、三级社会体育指导员技术等级标准，批准授予相应等级社会体育指导员称号，并颁发由国家体育总局统一制作的等级证书、证章。

【法律责任】

《社会体育指导员管理办法》

第三十八条　地方各级体育主管部门和有关组织、单位违反本办法，未履行社会体育指导员工作职责的，由其上级部门或有关主管部门责令限期改正；拒不改正的，对负有责任的主管人员和其他直接责任人员依法给予处分。

第三十九条　体育主管部门和有关组织、单位的工作人员在社会体育指导员工作中，侵犯社会体育指导员合法权益，造成不良后果的，依法给予处分。

第四十条　违反国家财政、财务制度，截留、克扣、挪用和挤占社会体育指导员工作经费的，由其上级部门或有关主管部门责令改正，并对负有责任的主管人员和其他直接责任人员依法给予处分；构成犯罪的，依法追究刑事责任。

【办理流程】

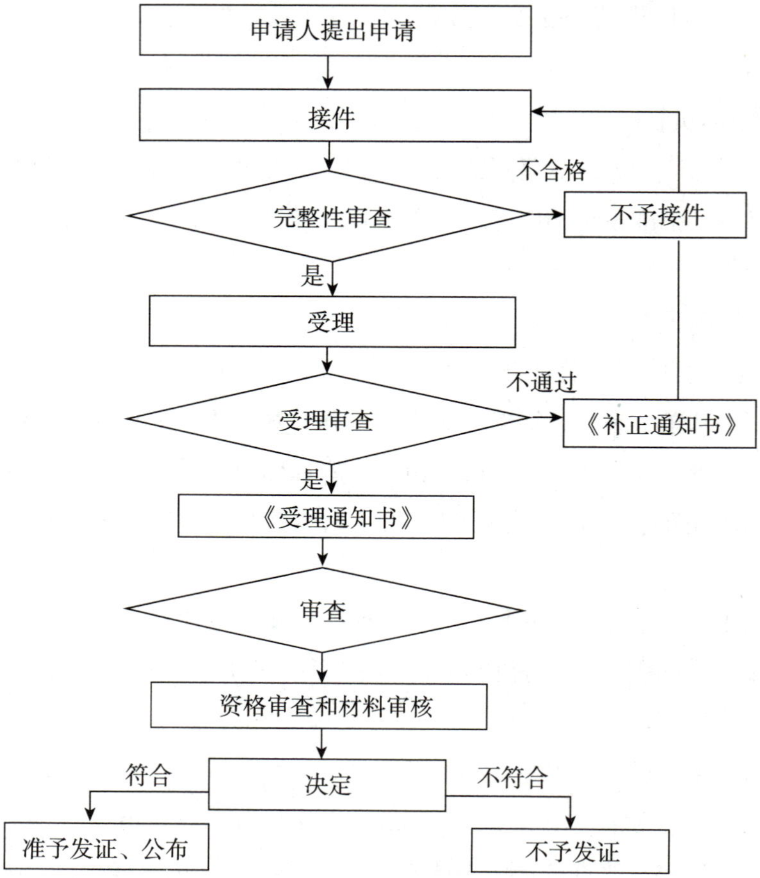

【注意事项】

无

【配套文书】

1. 《社会体育指导员技术等级称号申请审批表》;
2. 补正通知书;
3. 受理通知书;
4. 办理事项内部审批单;
5. 二级社会体育指导员证书;
6. 三级社会体育指导员证书。

依法行政工作考核评估细则

一、考核评估对象

二、考核评估组织

三、考核评估内容

考核评估组织从以下方面对考核评估对象进行考核评估：

（一）法制知识储备情况

1. 法制知识考试测评
2. 法治调研成果
3. 辩论赛、模拟法庭成绩
4. 其他

（二）依法行政执行情况

1. 履行法定职权
2. 按照法定期限履行行政职责
3. 事实清楚
4. 程序合法
5. 适用法律正确
6. 使用文书规范
7. 证据保存完整

8. 按照要求进行案卷归档
9. 其他成效
10. 其他

（三）日常法治管理情况

1. 重视依法行政工作
2. 积极参加依法行政培训
3. 积极参加法治宣传工作
4. 法律法规清理
5. 其他

（四）行政复议、行政诉讼处理情况

1. 指定具体负责相关行政复议、行政诉讼事项的工作人员
2. 落实行政机关负责人出庭应诉制
3. 及时与顾问律师沟通案件情况
4. 收集整理并按规定期限报送相关案件材料
5. 在律师协助下，积极进行行政复议答辩、行政诉讼应诉工作
6. 汇报案件进展情况
7. 履行行政复议决定、行政诉讼判决、裁定
8. 按照行政案卷考评要求进行归档
9. 其他

（五）其他

四、考核评估方式

考核评估组织按照考核评估内容，对各考核评估对象实施量化考核评估（考核评估量化评分标准见附件2）。考核评估实行百分制，具体方式如下：

（一）动态监测。各职能科室要对依法行政工作完成情况进行建档管理，领导小组不定期收集各职能科室依法行政工作的资料数据，动态记录掌握各职能科室依法行政工作完成情况。

（二）督促检查。领导小组根据实际需要组织专项检查或抽查，及时了解各职能科室依法行政工作实际开展情况，及时发现、纠正职能科室存在的不符合依法行政要求的问题。

（三）自查自评。每年6月15日和12月15日前，各职能科室对照考核评估内容进行自查自评，形成本科室依法行政工作的年中书面自查报告，连同有关资料报领导小组。

（四）评分考核。每年6月30日和12月30日前，领导小组对各职能科室进行依法行政工作考核评估量化评分，并通报考核评估结果。依据相关数据，对各职能科室进行测评打分，逐项确定分数。按照得分情况，划分为优秀（90分以上）、合格（60－90分）和不合格（60分以下）。

附件：1. 依法行政领导小组组成人员及职责分工（略）

2. 依法行政工作考核评估量化评分标准

依法行政工作考核评估量化评分标准

<table>
<tr><th colspan="2" rowspan="3">考核评估内容</th><th rowspan="3">分值（分）</th><th colspan="6">得分（分）</th></tr>
<tr><th colspan="3">职能科室工作人员</th><th>职能科室【（张三分＋李四分＋王五分）/人数】</th><th>科室负责人【（张三分＋李四分＋王五分）/人数】</th><th>主管领导【（张三分＋李四分＋王五分）/人数】</th></tr>
<tr><th>张三</th><th>李四</th><th>王五</th><th>职能科室名称</th><th>科室负责人姓名</th><th>主管领导姓名</th></tr>
<tr><td rowspan="4">法制知识储备情况（10分）</td><td>法制知识考试测评</td><td>3</td><td></td><td></td><td></td><td></td><td></td><td></td></tr>
<tr><td>法治调研成果</td><td>2</td><td></td><td></td><td></td><td></td><td></td><td></td></tr>
<tr><td>辩论赛、模拟法庭成绩</td><td>2</td><td></td><td></td><td></td><td></td><td></td><td></td></tr>
<tr><td>其他</td><td>3</td><td></td><td></td><td></td><td></td><td></td><td></td></tr>
<tr><td></td><td></td><td>合计（分）</td><td></td><td></td><td></td><td></td><td></td><td></td></tr>
<tr><td rowspan="7">依法行政执行情况（50分）</td><td>履行法定职权</td><td>5</td><td></td><td></td><td></td><td></td><td></td><td></td></tr>
<tr><td>按照法定期限履行行政职责</td><td>3</td><td></td><td></td><td></td><td></td><td></td><td></td></tr>
<tr><td>事实清楚</td><td>5</td><td></td><td></td><td></td><td></td><td></td><td></td></tr>
<tr><td>程序合法</td><td>10</td><td></td><td></td><td></td><td></td><td></td><td></td></tr>
<tr><td>适用法律正确</td><td>10</td><td></td><td></td><td></td><td></td><td></td><td></td></tr>
<tr><td>使用文书规范</td><td>5</td><td></td><td></td><td></td><td></td><td></td><td></td></tr>
<tr><td>证据保存完整</td><td>5</td><td></td><td></td><td></td><td></td><td></td><td></td></tr>
</table>

续表

考核评估内容		分值（分）	得分（分）					
			职能科室工作人员			职能科室【（张三分＋李四分＋王五分）/人数】	科室负责人【（张三分＋李四分＋王五分）/人数】	主管领导【（张三分＋李四分＋王五分）/人数】
			张三	李四	王五	职能科室名称	科室负责人姓名	主管领导姓名
	按照要求进行案卷归档	3						
	其他成效	1						
	其他	3						
		合计（分）						
日常法治管理情况（10分）	重视依法行政工作	2						
	积极参加依法行政培训	3						
	积极参加法制宣传工作	2						
	法律法规清理	2						
	其他	1						
		合计（分）						
行政复议、行政诉讼处理情况（20分）	指定具体负责相关行政复议、行政诉讼事项的工作人员	1						
	落实行政机关负责人出庭应诉制	3						

续表

考核评估内容		分值（分）	得分（分）					
			职能科室工作人员			职能科室【（张三分+李四分+王五分）/人数】	科室负责人【（张三分+李四分+王五分）/人数】	主管领导【（张三分+李四分+王五分）/人数】
			张三	李四	王五	职能科室名称	科室负责人姓名	主管领导姓名
	及时与顾问律师沟通案件情况	1						
	收集整理并按规定期限报送相关案件材料	5						
	在律师协助下，积极进行行政复议答辩、行政诉讼应诉工作	3						
	汇报案件进展情况	1						
	履行行政复议决定、行政诉讼判决、裁定	2						
	按照行政案卷考评要求进行归档	2						
	其他	2						
其他(10分)								

【重大行政决策工作机制建立健全项目】

重大行政决策成果文件目录

类别		文件名称
前期调研		法律服务需求调查问卷
		重大行政决策项目调研清单
法规梳理		重大行政决策相关规定汇编
总体程序规定		重大行政决策程序规定
目录管理体系	目录管理办法	重大行政决策事项目录管理办法（试行）
	重大行政决策事项申报	关于申报《×××年度重大行政决策事项》的通知
		附件1：×××年度重大行政决策事项申报表
		附件2：关于申请×××年度重大行政决策事项的申报说明
	重大行政决策事项目录审批、发布	关于公布×××年度重大行政决策事项目录的通知
		附件1：《×××年度重大行政决策事项目录》
	重大行政决策事项变更申报、审批	附件2：《重大行政决策事项计划变更申报表》
年度重大行政决策施行情况总结	年度总结	关于提交重大行政决策事项×××年度总结报告的通知
		附件：上一年度重大行政决策情况总结报告及决策事项情况汇总表
	案例申报	关于报送×××年重大行政决策案例材料的通知
		附件1：×××年度重大行政决策参评事项目录
		附件2：《重大行政决策事项案例材料申报目录》
	案例发布	关于发布×××年重大行政决策典型案例的通知
		附件：《×××年度重大行政决策事项典型案例汇编》

续表

类别		文件名称
程序运行规则	流程图	重大行政决策整体程序流程图
		重大行政决策事项判断机制
		公众参与工作流程
		专家论证工作流程
		风险评估工作流程
		合法性审查工作流程
		集体讨论决定工作流程
		重大行政决策执行和调整程序
	配套文书	关于纳入重大行政决策事项的建议
		民意调查问卷
		征求意见公告及反馈情况说明（公开征求意见） 征求意见函及反馈情况说明（征求部门意见）
		听证公告、笔录、报告
		专家论证会意见登记表、专家意见咨询函及反馈情况说明
		风险综合评析评估表
		合法性审查工作表
		集体讨论表决决议

重大行政决策项目调研清单

为推进行政决策的科学化、民主化、法治化，落实公众参与、专家论证、风险评估、合法性审查、集体讨论决定等重大行政决策法定程序，提高决策质量，降低决策风险，贵单位拟开展建立健全重大行政决策工作机制项目。为有效推进项目实施，特针对贵单位的重大行政决策主体、范围、程序等问题进行调查了解，以便为贵单位提供个性化、专业化、标准化的法律服务，切实协助贵单位推进依法行政工作。

请结合工作实际核实相关问题、提供相关材料。感谢对我们的信任以及对我们工作的支持与配合！

（一）重大决策的组织机构和权责分配（决策主体）

1. 重大决策的决策机构及成员构成（如政府办公会等）
2. 主管领导对于各项重大决策的职责分工
3. 重大决策的审批层级
4. 党组织在重大决策中发挥的作用
5. 决策单位、承办单位、监督单位的职能分配

（二）重大决策事项（决策范围）

1. 重大决策事项范围（如“三重一大”即重大事项决策、重要干部任免和重大项目投资决策、大额资金使用）
2. 重大决策事项目录
3. 重大决策事项标准
4. 重大决策事项目录、标准的制发主体

5. 重大决策事项目录、标准的调整方式

（三）重大决策流程（决策程序）

1. 作出重大决策的一般流程

2. 是否履行公众参与、专家论证、风险评估、合法性审查、集体讨论决定等重大决策程序

3. 是否将合法性审查、集体讨论决定作为重大决策作出前的必经程序

4. 一般什么类型的重大决策事项会开展公众参与、专家论证、风险评估工作

5. 报请合法性审查前，在决策草案形成过程中是否会邀请法制部门研提意见

6. 开展公众参与、专家论证、风险评估工作的方式、渠道

7. 开展公众参与、专家论证、风险评估、合法性审查工作时是否会聘请第三方中介机构；由决策单位还是承办单位抑或监督单位聘请

（四）重大决策工作机制规范化

1. 本单位、本地区制定的关于重大决策的制度、政策，包括针对重大决策的专门性规定和涵盖重大决策相关内容的一般性规定

2. 本单位、本地区关于重大决策的规范化工作流程

3. 本单位、本地区关于重大决策的规范化配套文书，如集体讨论记录、征求意见函、民意调查表、专家论证表等

（五）重大决策跟踪评估与执行调整

1. 是否对已作出的重大决策进行跟踪评估；评估主体；评估方式（是否聘请第三方）；评估周期；结果应用

2. 是否要求承办实施单位对重大决策实施效果进行反馈；反馈方式
3. 作出重大决策后的调整方式（变更、中止、停止）和调整程序

（六）重大决策责任（决策责任）

1. 需追究重大决策作出、实施相关责任的情形
2. 需追究重大决策作出、实施相关责任的担责方式
3. 本单位、本地区关于重大决策责任追究的规定、制度
4. 是否建立重大行政决策终身责任追究制度和责任倒查机制

北京市易和律师事务所

重大行政决策整体程序流程

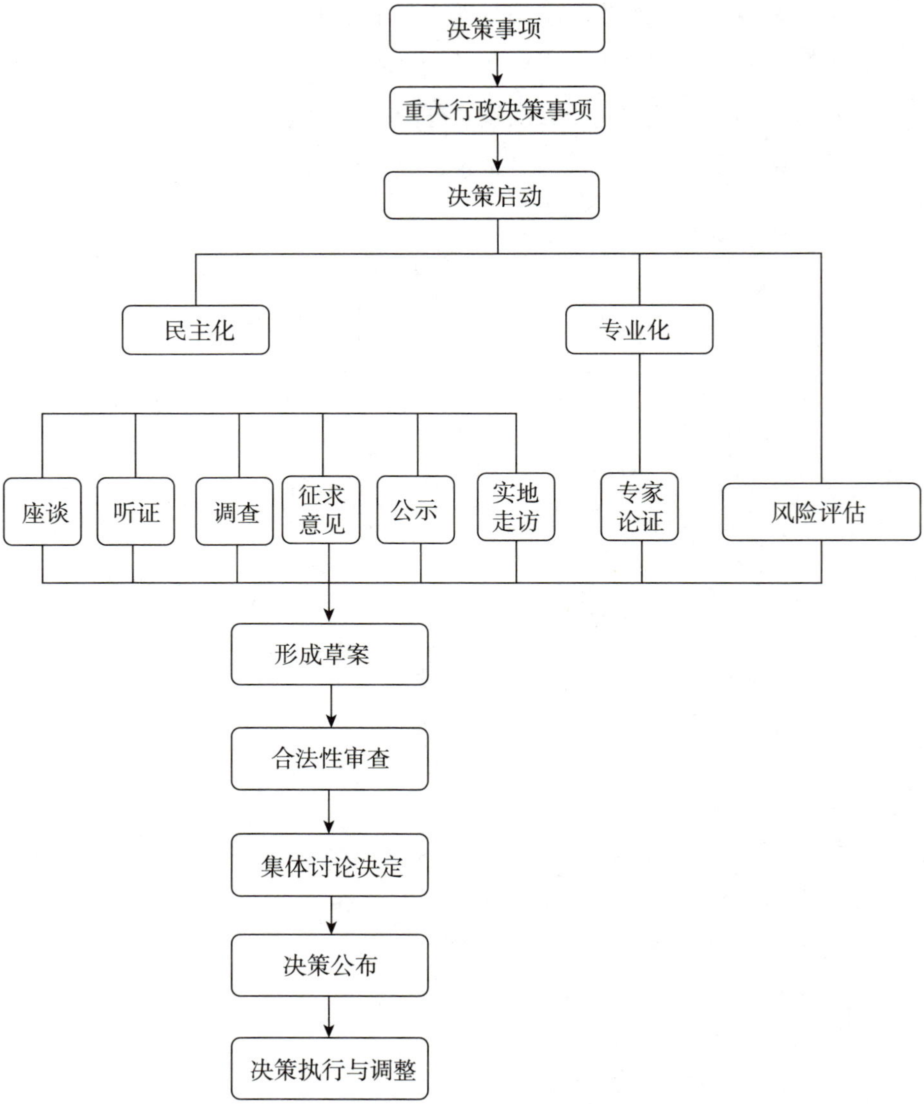

后记　北京市易和律师事务所项目产品研发背后的事——和研基金介绍

北京市易和律师事务所自 2002 年律所成立时，即注重为客户提供专业化、定制化的法律服务，所内设立北京市易和律师事务所项目研发基金（以下简称和研基金），每年提取所内年业务收益预留及研发项目应用收益资金，专项用于支持项目创新、业务深化、服务提升及项目推广，以保障研发项目具有前瞻性和实用性，助力律所专业人才培养。

在律所顾问指导、监督、建议，合伙人会议的统筹、管理下，和研基金下设项目研发部，负责和研基金日常管理、运行工作，组织和跟进每年新立项项目和优化升级项目研发工作实施。和研基金分设非诉讼业务管理项目部、诉讼业务管理项目部、党委政府业务管理项目部，负责所属领域业务的研发、升级、推广。主任、管委会主任、业务管理合伙人、合伙人根据职责分工指导、监督、管理、参与相关研究工作。

基于项目创新、升级，所内律师可自由组建项目小组。项目小组在综合研究党和国家的重要文件及市场需求、行业发展趋势基础上，提出小组研发项目主题，经所属业务管理项目部审议，涉及业务跨领域项目主题，经相关业务管理项目部共同审议。审议通过后，提交项目研发部报请召开全所项目论证会，对项目进行初步论证，通过论证的项目，项目组获得参与研发奖励资金，资金数额综合项目的可行性论证、项目体系、论证展示情况具体确定，未通过论证会初步论证的项目，经论证会认定具有研发价值的，项目小组根据论证会意见修订完善后可再次申请论证。通过初步论证的项目，在研发过程中，项目负责人根据研发情况可随时向项目研发部申请验收，项目研发部初审后会同和议研究会、全体合伙人及各部门律师代表对项目进行验收。通过验收的项目，项目组获得业务精进奖励资金，奖励资金数额综合项目的完成时间、质量及团队协作整体效果具体确定。

每年年底，所内定期召开年底论证、验收工作，对研发项目、验收项目进行论证，以项目小组为单位，针对研发项目汇报其研发主题、体系架构、拟形成成果、市场推广价值，针对验收项目汇报其项目体系、成果文件、市场推广材料等，项目小组汇报后，由律所顾问、合伙人进行点评，提出优化建议，结合意见建议项目小组继续优化，经律所评估、论证、研究具有市场价值的项目，通过客户接洽、公众媒体等方式对外推广项目，与客户签订专项法律服务合同后，对项目研发人员、推广人员给予业务推广应用资金奖励。对于经过市场检验的项目，结合市场检验、客户反馈、政策导向等因素，律所对项目成果进行升级换代、深化改良，保持项目成果与时俱进，提升客户使用体验。

经过 20 多年律所运营实践检验，和研基金在引领律师成长、服务项目研发及推广、业务规范化、重大疑难复杂问题处理等方面发挥了应有的作用，形成了一批有特色的项目成果，其中 17 个项目被入选为北京市公共法律服务项目并获优秀项目奖，同时培养了一批专业化律师人才。

闫丽彬

中共党员，吉林大学法学博士，北京市易和律师事务所高级合伙人、管委会主任，担任多家研究性社会团体常务理事、理事等职，曾获北京市律师行业优秀共产党员，北京市优秀律师等荣誉。

执业以来，先后为百余家国家及地方各级党委、政府及其部门、学校、企事业单位、社会团体提供常年、专项法律服务及法治培训，协助政府及其部门有效规范管理，落实法治政府建设任务，防范行政风险，化解重大疑难行政争议；协助企事业单位社会团体优化治理和运营管理，防范化解矛盾纠纷。结合实务经验深入研究设计法制培训课程体系，研发法律服务项目，设计并组织实施普法型和定制化法治培训和服务项目，受到各界一致好评。

林琴梅

北京市易和律师事务所高级合伙人，中共党员，毕业于中国青年政治学院，担任中国法学会体育法学研究会理事。

从业以来始终致力于政府行政法律服务研究，为多家行政机关提供常年法律顾问服务，服务客户包括国家部委、区委区政府、发改、住建、生态环境等政府职能部门、街乡镇政府及政府下属事业单位等。擅长处理信访投诉、信息公开、规范性文件审查与起草、行政执法规范化、制度设计、案卷评查等日常法律事务，承办了行权手册、建立健全重大行政决策工作机制、政府信息公开工作规划化及风险应对法律服务、行业协会脱钩改革工作规范化、融资性担保机构现场检查、集体改制企业上市产权合规性确认、等重大项目，代理了多起信息公开、履职答复等相关的行政诉讼和行政复议案件。论著包括发表《制定行权手册　规范行政管理》《政府重大决策法律风险评估制度的建立及工作规程》《党建带动业务发展　不断提升法律服务水平》等。

郑莉

北京市易和律师事务所合伙人，服务领域为：公司类业务、文创类业务、教育类业务、酒店餐饮类业务。曾任北京市第十四届妇女代表大会代表；九届北京市律师协会律师代表，业务指导与继续教育委员会秘书长，北京市律协女律师联谊会副会长；二届、三届北京市东城区律师协会律师代表、理事，女律师工作委员会主任；首届北京市朝阳区律师协会青年律师工作委员会副秘书长；国家律师学院客座教授；北京市商事联合会特聘专家；北京市东城区青年联合会委员。荣获北京市十佳青年律师；2010-2011年度北京市律师行业优秀律师党员，2011-2012年度中共北京市朝阳区律师委员会“优秀共产党员”，2012-2013年度中共北京市朝阳区律师委员会优秀党务工作者，2013-2015年度北京市律师行业优秀共产党员，2015-2018北京市司法行政系统先进个人；首届全国公诉人与律师电视辩论大赛优秀选手奖；北京市朝阳区律师协会“贡献奖”等荣誉称号。

多年来为政府机关、大中型内外资企业提供常年法律顾问服务，拥有丰富的法律实务经验，深受广大顾问单位的好评。尤其擅长服务贸易业、文化创意产业公司法律顾问业务、特许经营专项法律业务以及教育领域法律顾问业务，撰写了多篇专业论文，并系统地归纳总结了为顾问单位提供法律服务的整套方案和服务模式，形成了专业化的法律服务产品。

张晓智

中共党员，研究生，北京市易和律师事务所高级合伙人，主任、党支部书记。28年律师执业经历，具有五年在高等院校从事教师的工作经历，现任北京市第四届朝阳区律师协会理事，朝阳区中小律所发展工作委员会主任、北京内蒙古企业商会常务理事、北京乌兰察布企业商会常务理事、中国法律咨询中心特邀专家调解员等职务。

执业以来，长期从事金融、房地产、建设工程、重大民商事争议等实务工作，具有丰富的法律风险防范和化解能力，善于通过对风险的评估提出解决方案、进行纠纷化解。积累了兼跨政府、商业、金融、人力资源、股权投资等多方面的应变处置能力，具备房地产项目的投资建设工作管理经验，实际参与了多起普惠金融、资产管理公司、商业银行不良资产处置工作。诉讼代理的案件涉及行政诉讼、建设工程、合同纠纷、金融投资等多领域，横跨地方中级人民法院、高级人民法院和最高院，服务的客户涵盖政府机关、央企、金融机关、国企等上百家。

富尧

易和昌平分所主任，政府法律服务部主管负责人，北京市律师协会行政法与行政诉讼法专业委员会副秘书长。毕业于吉林大学法学专业，长期从事政府法律顾问工作，担任区县法制部门、生态环境、住房和城乡建设、水务、综合执法等职能部门以及多个街乡镇政府法律顾问。

拥有丰富的法律实务经验，在担任多家行政机关法律顾问期间，直接参与政府机关行政规范性文件起草、行政决策法律风险分析、行政执法行为规范、法律培训、行政复议以及行政诉讼等工作；协助处理重大、有影响的群体性信访、履职申请等事件；多次参与征收拆迁项目，为北京市怀柔区雁栖湖生态发展示范区（北京国际会议中心）项目、北京非首都功能疏解腾退拆除项目、棚户区改造项目提供法律服务，包括设计、完善项目征收腾退方案，制作补偿模板文件及配套表格，驻场参与谈判、调解工作等。

研发包括综合执法下沉、执法规范化系列培训、违法建设查处与防控、集体土地拆迁、城乡建设自主腾退、村/居委会换届选举工作规范等法律服务产品，切实为政府机关规范管理、依法行政保驾护航。执业中坚持客户至上，始终以精湛的业务技能、认真负责的执业理念为客户提供法律服务，取得了广大客户的信任。

胡云霞

北京市易和律师事务所高级合伙人，中共党员，易和律所党支部组织委员，中国政法大学硕士，北京市朝阳区女律师工作委员会副主任，第十二届北京市律师协会申请律师执业人员管理考核工作委员会委员，第十二届北京市律师北京市律师协会社会治理与律师调解委员会委员。

胡云霞专业从事政府法律顾问业务。担任区县政府、乡镇政府、政府职能部门等数十家行政机关常年法律顾问，提供职能型、前瞻型法律服务，防范法律风险，专业助力依法行政；总结政府法律服务经验，作为编委出版《政府法律服务项目指引》；牵头和参与党委政府规范性文件管理、政府信息公开规范化、基层治理规范化、行权手册、执法规范化等法治政府、法治社会建设项目，协助全国多地各地政府制定村规民约推进乡村治理法治化现代化，并在《政府法律服务项目指引》《中国律师》等书刊发表专业法律服务文章若干篇。胡云霞律师长期服务基层政府，在基层政府依法行政法律服务领域具有丰富的实践经验。

张凤婷

北京市易和律师事务所党支部宣传委员、合伙人。毕业于中国政法大学诉讼法学院，法学硕士，现任北京市律师协会劳动与社会保障法律专业委员会委员。曾任北京市劳动和社会保障法学会劳动法分会理事。参与编写中国企业经济出版社出版的《< 劳动合同法>—HR 实务手册》，参与撰写《竞业限制相关问题研究》、《关于工资集体协商中若干问题的研究》、《我国劳务派遣若干问题研究》、《加班问题研究》、《劳动合同终止相关问题探析》等多篇劳动法专业论文。长期为默克 · 雪兰诺、怡斯宝特、首汽集团、安援救援、中纪委、国家体育总局、百胜集团等多家国内外知名企事业单位、国家机关提供日常劳动法律顾问服务及建章建制、裁员、劳动关系处理、用工管理培训等专项法律服务，并参与众多企事业单位集体劳动关系的调整项目（包括裁员、部门撤销、用工方式转移等）的方案设计、与员工沟通，以及劳动争议案件代理等，在劳动法学理论、社会保险和住房公积金的缴存、企业日常用工管理文件的制作、劳动疑难案件处理等方面有着深入的研究和丰富的实务经验。

谢冬飞

北京市易和（昌平）律师事务所执行主任，毕业于中国政法大学。担任北京市律师协会合同法专业委员会副主任，北京市律师协会党建工作委员会委员，北京市昌平区律师协会副会长，北京市高级人民法院特邀调解员，青岛仲裁委员会仲裁员，北京市昌平区法学会会员，2012年首届北京律师辩论大赛优秀选手，2014年北京青年律师辩论赛优秀选手，2018-2019年度北京市律师行业优秀共产党员，庆祝新中国成立70周年工作先进个人。谢冬飞律师从事律师工作十余年，具备丰富的执业经验，办理了数百起民商事、刑事以及非诉案件，熟悉商事业务，对企业之间的经济纠纷、商事借款抵押纠纷、职务犯罪辩护等领域的案件处理均有深入研究。

郑慧娟

北京市易和律师事务所高级合伙人，党员。毕业于国家检察官学院法学专业，主要从事政府顾问业务，主要服务于各级政府及相关委办局，涉及业务主要包括集体土地征收拆迁、宅基地审批管理、业主大会及业委会成立、村（居）换届选举、行政履职、行政诉讼、民事争议调解以及企业日常法律风险防范等。

曾参与包括APEC会议用地征收拆迁项目、葫芦岛郝家屯城中村改造项目、昌平区未来科技城征收拆迁项目、昌平区工业大院腾退项目及平原造林、河道整治项目等数十个行政村的征收拆迁工作，以及某别墅业主大会成立、某镇2019年度村（居）换届选举工作、昌平区镇级政府行权手册制作工作，为项目的顺利完成提供全过程法律服务。